Albii Tibulli
Carmina

Albius Tibullus
Elegische Gedichte

W0063988

Liber primus

I

Divitias alius fulvo sibi congerat auro
  et teneat culti iugera multa soli,
quem labor assiduus vicino terreat hoste,
  Martia cui somnos classica pulsa fugent:
Me mea paupertas vitae traducat inerti,   5
  dum meus assiduo luceat igne focus.
Ipse seram teneras maturo tempore vites
  rusticus et facili grandia poma manu:
nec Spes destituat, sed frugum semper acervos
  praebeat et pleno pinguia musta lacu.   10
Nam veneror, seu stipes habet desertus in agris
  seu vetus in trivio florida serta lapis,
et quodcumque mihi pomum novus educat annus,
  libatum agricolae ponitur ante deo.
Flava Ceres, tibi sit nostro de rure corona   15
  spicea, quae templi pendeat ante fores:
pomosisque ruber custos ponatur in hortis,
  terreat ut saeva falce Priapus aves.
Vos quoque, felicis quondam, nunc pauperis agri
  custodes, fertis munera vestra, Lares.   20
Tunc vitula innumeros lustrabat caesa iuvencos,
  nunc agna exigui est hostia parva soli.

Albius Tibullus

Elegische Gedichte

Lateinisch / Deutsch

Übersetzt und herausgegeben
von Joachim Lilienweiß,
Arne Malmsheimer
und Burkhard Mojsisch

Philipp Reclam jun. Stuttgart

Umschlagabbildung:
Dante Gabriel Rossetti,
Studie zu *The Return of Tibullus
to Delia*, 1853

RECLAMS UNIVERSAL-BIBLIOTHEK Nr. 18131
Alle Rechte vorbehalten
© 2001 Philipp Reclam jun. GmbH & Co., Stuttgart
Gesamtherstellung: Reclam, Ditzingen. Printed in Germany 2009
RECLAM, UNIVERSAL-BIBLIOTHEK und
RECLAMS UNIVERSAL-BIBLIOTHEK sind eingetragene Marken
der Philipp Reclam jun. GmbH & Co., Stuttgart
ISBN 978-3-15-018131-7

www.reclam.de

Erstes Buch

1

Soll ein anderer mit rotgelbem Gold Reichtum für sich anhäufen und viele Morgen[1] pfleglich bearbeiteten Grund und Boden besitzen, einer, den anhaltende Drangsal schreckt, weil der Feind in der Nähe ist, dem das Schmettern der Kriegsfanfaren den Schlaf vertreibt: [5] Mich soll mein spärliches Auskommen[2] einem behaglichen[3] Leben zuführen, wenn nur mein Herd von fortwährendem Feuer leuchtet.

Ich selbst will als Landmann[4] junge Weinstöcke zur rechten Zeit pflanzen und Edelobstbäume mit geschickter Hand: Und die Göttin der Hoffnung[5] soll mich nicht im Stich lassen, sondern stets große Mengen Feldfrüchte [10] und saftigen Most in gefüllter Kufe gewähren.

Denn ich bezeige meine Ehrfurcht, sei es, dass ein verlassener Baumstumpf auf den Feldern, sei es, dass ein alter Stein an der Weggabelung Blütengirlanden trägt,[6] und jedwede Frucht vom Obstbaum, die ein neues Jahr mir hervorbringt, wird zuvor geweiht und dem Schutzgott des Landmannes[7] geopfert.

[15] Blonde Ceres[8], du sollst von meinem Land einen Kranz aus Ähren haben,[9] der vor der Flügeltür deines Tempels hängen soll: Auch soll in den obstreichen Gärten ein rotbemalter Hüter aufgestellt werden, um als Priap[10] mit schrecklicher Sichel die Vögel zu verscheuchen.

Laren[11], auch ihr, Wächter einer einst reichen, nun ärmlichen Landschaft, [20] erhaltet eure Geschenke.

Damals entsühnte ein geschlachtetes Kalb unzählige Jungstiere, nun ist ein kleines Lamm das Schlachtopfer[12] spärlichen Bodens.

Agna cadet vobis, quam circum rustica pubes
  clamet 'io messes et bona vina date'.
Iam, modo non, possum contentus vivere parvo   25
  nec semper longae deditus esse viae,
sed Canis aestivos ortus vitare sub umbra
  arboris ad rivos praetereuntis aquae.
Nec tamen interdum pudeat tenuisse bidentem
  aut stimulo tardos increpuisse boves,   30
non agnamve sinu pigeat fetumve capellae
  desertum oblita matre referre domum.
At vos exiguo pecori, furesque lupique,
  parcite: De magno praeda petenda grege.
Hic ego pastoremque meum lustrare quotannis   35
  et placidam soleo spargere lacte Palem.
Adsitis, divi! Neu vos e paupere mensa
  dona nec e puris spernite fictilibus!
Fictilia antiquus primum sibi fecit agrestis
  pocula de facili composuitque luto.   40
Non ego divitias patrum fructusque requiro,
  quos tulit antiquo condita messis avo:
Parva seges satis est, satis est requiescere lecto,
  si licet, et solito membra levare toro.
Quam iuvat immites ventos audire cubantem   45
  et dominam tenero continuisse sinu
aut, gelidas hibernus aquas cum fuderit Auster,
  securum somnos igne iuvante sequi!

Ein Lamm wird für euch geschlachtet werden, welches die Landjugend umringen soll mit lautem Rufen: »Juchhe! Gebt Obst- und Getreideernten, auch gute Weine!«

[25] Eben konnte ich noch nicht, jetzt kann ich mit geringem Vermögen zufrieden leben, ohne immer langem Reisen ausgeliefert zu sein, sondern um den Aufgängen des Hundsgestirns zur Sommerzeit im Baumschatten an Bächen mit vorbeiplätscherndem Wasser zu entgehen.

Gleichwohl ginge es nicht gegen das Ehrgefühl, zuweilen die zweizinkige Hacke in der Hand zu halten [30] oder mit dem Stachelstock träge Ochsen anzutreiben, es machte wohl Freude, im Bausch der Toga ein Lamm oder das verlassene Junge einer kleinen Ziege nach Hause zurückzubringen, weil die Mutter es vergessen hat.

Ihr aber, Diebe wie Wölfe, verschont das der Zahl nach geringe Kleinvieh: Aus großer Herde ist Beute zu holen.

[35] Hierin pflege ich meinen Hirten alljährlich zu entsühnen und die gefällige Pales[13] mit Milch zu besprengen.

Ihr sollt Beistand leisten, Götter! Verschmäht weder die Gaben von einem ärmlichen Opfertisch noch aus sauberem Töpfergeschirr! Irdene Trinkbecher fertigte zuerst der Landmann alter Zeit für sich [40] und formte sie aus bildsamem Lehm.

Ich selbst vermisse den Reichtum der Väter und die Erträge nicht, die eine in Sicherheit gebrachte Ernte dem Urahn einbrachte: Ein kleines Saatfeld genügt, es genügt, wenn es vergönnt ist, auf dem Bett auszuruhen und auf gewohntem Polster die Glieder zu entlasten.

[45] Wie freut es den Ruhenden, die wilden Winde[14] zu hören und die Herrin mit sanfter Umarmung zu umfangen oder, wenn der winterliche Sturmwind eiskalte Wassermassen[15] ausgeschüttet hat, frei von Sorgen bei ergötzendem Feuer den Schlaf zu suchen!

Hoc mihi contingat, si dives iure, furorem
   qui maris et tristes ferre potest pluvias.   50
O quantum est auri pereat potiusque smaragdi,
   quam fleat ob nostras ulla puella vias.
Te bellare decet terra, Messalla, marique,
   ut domus hostiles praeferat exuvias:
Me retinent vinctum formosae vincla puellae,   55
   et sedeo duras ianitor ante fores.
Non ego laudari curo: Mea Delia, tecum
   dum modo sim, quaeso segnis inersque vocer.
Te spectem, suprema mihi cum venerit hora,
   te teneam moriens deficiente manu.   60
Flebis et arsuro positum me, Delia, lecto,
   tristibus et lacrimis oscula mixta dabis.
Flebis: Non tua sunt duro praecordia ferro
   vincta, nec in tenero stat tibi corde silex.
Illo non iuvenis poterit de funere quisquam   65
   lumina, non virgo, sicca referre domum.
Tu Manes ne laede meos, sed parce solutis
   crinibus et teneris, Delia, parce genis.
Interea, dum fata sinunt, iungamus amores:
   Iam veniet tenebris Mors adoperta caput,   70
iam subrepet iners aetas, neque amare decebit
   dicere nec cano blanditias capite.

Das möge mir zuteil werden, wenn reich ist mit Recht, [50] wer das Toben des Meeres und widrige Regengüsse ertragen kann.

Ach, weit eher soll doch zugrunde gehen, was an Gold und Smaragden vorhanden ist, als dass irgendein Mädchen wegen meiner Fahrten weine!

Dich, Messalla[16], ziert es, zu Wasser und zu Lande Krieg zu führen, dass dein Haus die abgenommene feindliche Waffenrüstung[17] stolz vorweisen kann:

[55] Mich halten die Fesseln einer wohlgestalten Geliebten gefangen, und ich sitze als Türhüter vor einer gefühllosen Flügeltür[18].

Ich kümmere mich nicht darum, gerühmt zu werden: Meine Delia[19], wenn ich nur immer bei dir sein darf, mag man mich, bitte, säumig und untätig nennen.

Dich möchte ich anschauen, wenn für mich die letzte Stunde kommt, [60] dich möchte ich festhalten mit ermattender Hand, wenn ich sterbe.

Und du wirst um mich weinen, Delia, wenn ich auf der Bahre liege, die dann in Flammen aufgehen wird, und mit schmerzlichen Tränen vermischte Küsse geben. Du wirst weinen: Dein Gemüt ist nicht mit empfindungslosem Eisen gefesselt, und bei dir ragt kein Kieselstein im zarten Herzen auf.

[65] Von diesem Begräbnis wird kein Jüngling, keine junge Frau wieder trockene Augen nach Hause bringen können.

Du, Delia, beleidige meine Manen nicht, sondern schone dein offenes Haar, schone die zarten Wangen![20]

Indessen, solange das Schicksal es zulässt, wollen wir uns in Liebe gesellen:

[70] Bald kommt der Tod, das Haupt mit Finsternis umhüllt,[21] bald schleicht sich unvermerkt das untätige Alter ein, und es wird sich nicht schicken, verliebt zu sein oder mit schlohweißem Haar Schmeicheleien zu sagen[22].

Nunc levis est tractanda Venus, dum frangere postes
  non pudet et rixas inseruisse iuvat.
Hic ego dux milesque bonus: Vos, signa tubaeque,   75
  ite procul, cupidis vulnera ferte viris.
Ferte et opes: Ego composito securus acervo
  dites despiciam despiciamque famem.

II

Adde merum vinoque novos compesce dolores,
  occupet ut fessi lumina victa sopor,
neu quisquam multo percussum tempora Baccho
  excitet, infelix dum requiescit amor.
Nam posita est nostrae custodia saeva puellae   5
  clauditur et dura ianua firma sera.
Ianua difficilis domini te verberet imber,
  te Iovis imperio fulmina missa petant.
Ianua, iam pateas uni mihi, victa querelis,
  neu furtim verso cardine aperta sones.   10
Et mala si qua tibi dixit dementia nostra,
  ignoscas: Capiti sint precor illa meo.
Te meminisse decet, quae plurima voce peregi
  supplice, cum posti florida serta darem.

Jetzt gilt es, sich mit dem jugendlichen Reiz der Liebe zu beschäftigen, solange es nicht gegen das Schamgefühl geht, Türpfosten zu zerbrechen, und solange es Freude macht, Streitigkeiten anzuzetteln. [75] Hier bin ich Anführer und ein tüchtiger Soldat[23]:

Ihr, Standarten und Trompeten, zieht in die Ferne, bringt habsüchtigen Helden Verwundungen bei! Bringt auch Vermögen[24]: Ich lege eine Menge eingebrachten Vorrat zurecht, will frei von Sorge auf die Reichen herabsehen und den Hunger gering achten.

2

Schenk lauteren Wein nach und halte mit Wein die außerordentliche Leidenschaft in Schranken, dass tiefer Schlaf die überwältigten Augen des Erschöpften befalle und niemand ihn, dem reichlich Wein auf das Haupt geschlagen hat, aufwecke, bis sich die unglückliche Liebesglut beruhigt.[1]

[5] Denn für meine Geliebte ist eine strenge Bewachung aufgestellt, und die gefühllose Haustür wird mit einem starken Riegel verschlossen. Tür eines unzugänglichen Hausherrn, dich soll der Regen peitschen, dich sollen auf Befehl des Jupiter entsandte Blitze angreifen.

Haustür, du mögest nunmehr einzig mir offen stehen, besiegt von meinen Klagen; [10] und verursache kein Geräusch, wenn die Türangel sich dreht und du heimlich geöffnet wirst. Und wenn mein Wahnsinn irgendwelche bösen Worte dir gegenüber ausgesprochen hat, mögest du sie verzeihen: Sie sollen gegen mein Haupt gerichtet sein, so bitte ich. Es steht dir wohl an, dass du dich an die meisten Worte erinnerst, die ich mit demütig bittender Stimme vortrug, als ich blühende Blumengewinde für den Türpfosten spendete.[2]

Tu quoque ne timide custodes, Delia, falle.   15
    Audendum est: Fortes adiuvat ipsa Venus.
Illa favet, seu quis iuvenis nova limina tentat,
    seu reserat fixo dente puella fores:
Illa docet furtim molli derepere lecto,
    illa pedem nullo ponere posse sono,   20
illa viro coram nutus conferre loquaces
    blandaque compositis abdere verba notis.
Nec docet hoc omnis, sed quos nec inertia tardat
    nec vetat obscura surgere nocte timor.
En ego cum tenebris tota vagor anxius urbe,   25
    securum tenebris me facit ipsa Venus
nec sinit occurrat quisquam, qui corpora ferro
    vulneret aut rapta praemia veste petat.
Quisquis amore tenetur, eat tutusque sacerque
    qualibet: Insidias non timuisse decet.   30
Non mihi pigra nocent hibernae frigora noctis,
    non mihi, cum multa decidit imber aqua.
Non labor hic laedit, reseret modo Delia postes
    et vocet ad digiti me taciturna sonum.
Parcite luminibus, seu vir seu femina fias   35
    obvia: Celari vult sua furta Venus.
Neu strepitu terrete pedum neu quaerite nomen
    neu prope fulgenti lumina ferte face.
Si quis et imprudens aspexerit, occulat ille
    perque deos omnis se meminisse neget: 40
Nam fuerit quicumque loquax, is sanguine natam,
    is Venerem e rapido sentiet esse mari.

[15] Auch du, Delia, täusche recht tapfer die Wächter! Es muss gewagt werden: Den Tapferen hilft Venus selbst.[3] Sie ist gewogen, ob nun ein junger Mann neue Eingänge zu erobern versucht oder ein Mädchen den Schlüsselbart einsteckt und die Flügeltür aufriegelt: Sie lehrt, heimlich vom weichen Lager sich fortzuschleichen, sie lehrt, [20] ohne jedes Geräusch den Fuß aufsetzen zu können, sie lehrt, vor aller Augen dem Mann beredte Zustimmung durch Neigen des Kopfes mitzuteilen und schmeichelnde Worte unter verabredeten Geheimzeichen zu verbergen.[4] Sie lehrt dieses jedoch nicht alle, sondern die, die keine Ungeschicklichkeit hemmt und denen keine Furcht verbietet, in dunkler Nacht aufzustehen.

[25] Wohlan! Wenn ich in der Dunkelheit ängstlich in der ganzen Stadt umherstreife, macht mich in der Dunkelheit Venus selbst sorglos. Auch lässt sie niemanden auf mich zustürmen, der mit einem Dolch meinen Leib verwundet oder meine Kleidung raubt und ein Lösegeld[5] fordert.

Wer immer von Liebe ergriffen ist, soll sicher und unantastbar [30] auf allen Wegen gehen: Es geziemt sich, keinen Hinterhalt zu fürchten. Mir schaden die träge machenden Fröste einer Winternacht nicht, mir schadet es nicht, wenn Regen in Wassermassen herabstürzt. Diese Strapaze tut nicht weh, wenn Delia nur die Türflügel entriegelt und mich stillschweigend mit Fingerschnippen ruft.

[35] Schaut nicht hin, sei es nun, dass du als Mann oder dass du als Frau mir entgegenkommst: Venus[6] will, dass ihre heimlichen Liebeleien im Verborgenen bleiben. Schreckt nicht mit dem Geräusch eurer Füße, fragt nicht nach einem Namen, und bringt kein Licht mit leuchtender Fackel in die Nähe! Und wenn einer unbedacht hingesehen hat, dann soll er es geheim halten [40] und bei allen Göttern in Abrede stellen, sich zu erinnern: Denn wer geschwätzig war, der wird spüren, dass Venus durch ihr Geblüt[7] aus dem schäumenden Meer geboren ist.

Nec tamen huic credet coniunx tuus, ut mihi verax
  pollicita est magico saga ministerio.
Hanc ego de caelo ducentem sidera vidi,   45
  fluminis haec rapidi carmine vertit iter,
haec cantu finditque solum Manesque sepulcris
  elicit et tepido devocat ossa rogo.
Iam tenet infernas magico stridore catervas,
  iam iubet aspersas lacte referre pedem: 50
Cum libet, haec tristi depellit nubila caelo,
  cum libet, aestivo convocat orbe nives.
Sola tenere malas Medeae dicitur herbas,
  sola feros Hecatae perdomuisse canes.
Haec mihi composuit cantus, quis fallere posses: 55
  Ter cane, ter dictis despue carminibus.
Ille nihil poterit de nobis credere cuiquam,
  non sibi, si in molli viderit ipse toro.
Tu tamen abstineas aliis: Nam cetera cernet
  omnia: De me uno sentiet ille nihil.   60
Quid? Credam? Nempe haec eadem se dixit amores
  cantibus aut herbis solvere posse meos,
et me lustravit taedis, et nocte serena
  concidit ad magicos hostia pulla deos.
Non ego, totus abesset amor, sed mutuus esset,   65
  orabam, nec te posse carere velim.
Ferreus ille fuit, qui, te cum posset habere,
  maluerit praedas stultus et arma sequi.

Und dennoch wird diesem dein Gatte keinen Glauben
schenken, wie mir eine wahrsagende Hexe[8] in magischer
Dienstleistung versprach. [45] Ich habe sie die Sterne vom
Himmel herabziehen sehen, sie ändert mit einer Zauberformel den Lauf des reißenden Stroms, sie spaltet mit ihrem Gesang die Erde auf, lockt die Manen aus den Gräbern heraus
und lässt Gebeine vom bereits erkaltenden Scheiterhaufen
herabkommen. Mal hält sie mit zauberischem Zischeln die
Scharen der Unterwelt in Bann, [50] mal heißt sie die mit
Milch Besprengten zurückzuweichen: Wenn es ihr gefällt,
vertreibt sie dunkle Wolken vom trüben Himmel, wenn es
ihr gefällt, ruft sie bei sommerlichem Himmelsgewölbe
Schneestürme herbei. Sie allein soll die bösen Kräuter einer
Medea[9] besitzen, sie allein die wilden Hunde der Hekate[10]
gebändigt haben.

[55] Sie hat für mich die Zaubersprüche gefügt, mit denen
du täuschen kannst: Dreimal singe, dreimal speie aus, wenn
du die Zauberformeln aufgesagt hast![11] Nichts wird dieser
Mann jemandem über uns glauben können, nicht sich selbst,
wenn er selbst uns auf dem weichen Lager gesehen hat.

Dennoch halte du dich von anderen fern: Denn alles Üb-
rige wird er erspähen. [60] Einzig von mir wird er nichts
wahrnehmen.

Wie? Soll ich es glauben? Diese sagte nämlich auch, dass
sie mein Liebesverhältnis mit Zauberliedern oder Kräutern
lösen kann, auch reinigte sie mich mit Fackeln, und bei klarer
Nacht wurde vor den Zaubergöttern ein junges Opfertier
geschlachtet.

[65] Ich erflehte nicht, dass die Liebesglut ganz fort, sondern dass sie wechselseitig sei, und ich möchte nicht wollen,
dass ich dich entbehren kann.[12]

Aus Eisen war jener Mann[13], der, obwohl er dich besitzen
konnte, lieber töricht der Kriegsbeute und den Waffen hat
folgen wollen. Mag jener Scharen besiegter Kilikier[14] vor sich

Ille licet Cilicum victas agat ante catervas,
    ponat et in capto Martia castra solo,   70
totus et argento contectus, totus et auro,
    insideat celeri conspiciendus equo,
ipse boves, mea si tecum modo Delia, possim
    iungere et solo pascere monte pecus:
Et te dum liceat teneris retinere lacertis,   75
    mollis et inculta sit mihi somnus humo.
Quid Tyrio recubare toro sine amore secundo
    prodest, cum fletu nox vigilanda venit?
Nam neque tunc plumae nec stragula picta soporem
    nec sonitus placidae ducere posset aquae.   80
Num Veneris magnae violavi numina verbo,
    et mea nunc poenas impia lingua luit?
Num feror incestus sedes adiisse deorum
    sertaque de sanctis diripuisse focis?
Non ego, si merui, dubitem procumbere templis   85
    et dare sacratis oscula liminibus,
non ego tellurem genibus perrepere supplex
    et miserum sancto tundere poste caput.
At tu, qui laetus rides mala nostra, caveto
    mox tibi: Non uni saeviet usque deus.   90
Vidi ego, qui iuvenum miseros lusisset amores,
    post Veneris vinclis subdere colla senem,
et sibi blanditias tremula componere voce
    et manibus canas fingere velle comas:
Stare nec ante fores puduit caraeve puellae   95
    ancillam medio detinuisse foro.

hertreiben, [70] auf eingenommenem Gebiet ein Kriegslager errichten und, ganz von Silber bedeckt und ganz von Gold, betrachtenswert auf schnellem Ross sitzen; ich meinerseits[15], wenn ich nur mit dir zusammen bin, meine Delia, ich möchte die Ochsen anspannen und auf einsamem Berg das Vieh weiden lassen können: [75] Und solange ich dich nur in zärtlichen Armen festhalten darf, mag mir auch auf rauem Boden ein sanfter Schlaf vergönnt sein. Was nützt es, auf einem Lager aus Tyros[16] zu ruhen ohne beglückende Liebe, wenn eine Nacht naht, die mit Weinen durchwacht werden muss? Denn da können weder Federkissen noch bestickte Decken tiefen Schlaf bringen, [80] noch das Geräusch sanft plätschernden Wassers.[17]

Habe ich etwa das göttliche Walten der mächtigen Venus mit einem Wort verletzt, und leidet meine gottlose Zunge nun Strafe? Sagt man etwa von mir, ich hätte mich unzüchtig den Wohnstätten der Götter genähert und Kränze von heiligen Opferstätten abgerissen? [85] Ich zögerte nicht, wenn ich es verdiente, mich vor den Tempeln niederzuwerfen und die geheiligten Schwellen zu küssen; ich zögerte nicht, auf den Knien demütig bittend, über den Boden hinzukriechen und mein nichtswürdiges Haupt an den heiligen Türpfosten zu schlagen.[18]

Du aber, der du über meine Nöte fröhlich lachst, nimm [90] dich bald selbst in Acht: Kein Gott dürfte ununterbrochen nur auf einen wütend sein.[19] Ich[20] habe gesehen, wie ein Mann, der die Liebesleidenschaft junger Leute als jämmerlich hingestellt hatte, später als Greis seinen Nacken den Fesseln der Venus beugte, sich Schmeicheleien mit zitternder Stimme zurechtlegte und sein graues Haar mit seinen Händen frisieren wollte: [95] Er schämte sich auch nicht, vor der Tür der teuren Geliebten zu stehen oder ihre Dienerin mitten auf dem Markt anzuhalten. Um ihn herum steht der

Hunc puer, hunc iuvenis turba circumterit arta,
    despuit in molles et sibi quisque sinus.
At mihi parce, Venus: Semper tibi dedita servit
    mens mea: Quid messes uris acerba tuas?   100

III

Ibitis Aegaeas sine me, Messalla, per undas,
    o utinam memores ipse cohorsque mei!
Me tenet ignotis aegrum Phaeacia terris:
    Abstineas avidas, Mors, modo, nigra, manus.
Abstineas, Mors atra, precor: Non hic mihi mater,   5
    quae legat in maestos ossa perusta sinus,
non soror, Assyrios cineri quae dedat odores
    et fleat effusis ante sepulcra comis,
Delia non usquam; quae, me cum mitteret urbe,
    dicitur ante omnes consuluisse deos.   10
Illa sacras puero sortes ter sustulit: Illi
    rettulit e trinis omina certa puer.
Cuncta dabant reditus: Tamen est deterrita numquam,
    quin fleret nostras respueretque vias.
Ipse ego solator, cum iam mandata dedissem,   15
    quaerebam tardas anxius usque moras.
Aut ego sum causatus aves aut omina dira
    Saturni aut sacrum me tenuisse diem.
O quotiens ingressus iter mihi tristia dixi
    offensum in porta signa dedisse pedem!   20

Knabe, um ihn herum der junge Mann in dicht gedrängter
Schar, und ein jeder spuckt sich selbst in seinen lockeren
Bausch.

Mich aber schone, Venus: Stets ist mein dir ergebenes
Herz zu deinen Diensten: [100] Wozu verbrennst du rück-
sichtslos die Ernte deiner Aussaat?[21]

3

Messalla[1], ihr werdet ohne mich durch die Wogen der Ägäis[2]
fahren: Ach, dass ihr doch hoffentlich an mich denkt, du und
deine Schar!

Mich hält Phäakien[3] krank in unbekanntem Land fest:
Schwarzer Tod[4], wenn du doch nur deine begehrlichen Hände fernhältst. [5] Finsterer Tod, ich bitte dich, wenn du doch
nur fernbleibst: Hier habe ich keine Mutter, welche die ver-
brannten Gebeine in ihren traurigen Schoß sammelt, keine
Schwester, die der Asche assyrische Spezereien[5] beigibt und
mit aufgelöstem Haar vor dem Grab weint, nirgendwo Delia; [10] von dieser Frau sagt man, sie habe zuvor alle Götter um Rat gefragt, als sie mich aus der Stadt gehen ließ. Jene hob
dreimal die heiligen Lose[6] für den Knaben vom Boden auf:
Aus drei Würfen meldete der Knabe ihr sichere Vorzeichen.
Alle deuteten Rückkehr an: Dennoch wurde sie nie davon
abgebracht, meine Reise zu beweinen und abzulehnen.

[15] Ich selbst suchte als Tröster, obwohl ich bereits die
Aufträge erteilt hatte, ununterbrochen ängstlich nach lange
dauernden Verzögerungen. Als vorgeschobenen Grund gab
ich an, der Vogelflug[7] halte mich zurück oder Unheil verkün-
dende Vorzeichen[8] oder der heilige Tag des Saturn[9]. Ach, wie
oft sagte ich beim Antritt der Reise, [20] mein Fuß habe mir
betrübliche Anzeichen geboten, als er sich an der Schwelle
stieß![10]

Audeat invito neu quis discedere Amore,
   aut sciet egressum se prohibente deo.
Quid tua nunc Isis mihi, Delia, quid mihi prosunt
   illa tua totiens aera repulsa manu,
quidve, pie dum sacra colis pureque, lavari   25
   te (memini) et puro secubuisse toro?
Nunc, dea, nunc succurre mihi (nam posse mederi
   picta docet templis multa tabella tuis),
ut mea votivas persolvens Delia noctes
   ante sacras lino tecta fores sedeat   30
bisque die resoluta comas tibi dicere laudes
   insignis turba debeat in Pharia.
At mihi contingat patrios celebrare Penates
   reddereque antiquo menstrua tura Lari.
Quam bene Saturno vivebant rege, priusquam   35
   tellus in longas est patefacta vias!
Nondum caeruleas pinus contempserat undas,
   effusum ventis praebueratque sinum,
nec vagus ignotis repetens compendia terris
   presserat externa navita merce ratem.   40
Illo non validus subiit iuga tempore taurus,
   non domito frenos ore momordit equus,
non domus ulla fores habuit, non fixus in agris,
   qui regeret certis finibus arva, lapis.
Ipsae mella dabant quercus, ultroque ferebant   45
   obvia securis ubera lactis oves.

Auch soll es niemand wagen, gegen den Willen Amors abzureisen, oder er wird es erfahren, gegen das Verbot des Gottes hinausgezogen zu sein.

Delia, was hilft mir nun deine Isis[11], was nützen mir jene ehernen Zimbeln, die so oft, von deiner Hand geschüttelt, widerhallten, [25] oder was hilft es mir, dass du, während du gottesfürchtig und in sittlicher Reinheit die Mysterien pflegtest, dich badetest und (ich erinnere mich daran) für dich allein auf reinem Lager ruhtest?

Jetzt, Göttin, jetzt eile mir zu Hilfe (denn dass du Heilung bringen kannst, das lehren die zahlreichen bunten Gedächtnistäfelchen in deinen Tempeln), damit meine Delia dir die versprochenen Nächte ableistet, [30] in Leinen gehüllt, vor der heiligen Pforte lagert und dich zweimal am Tag mit aufgelöstem Haar, auffallend in der ägyptischen[12] Schar, preisen muss.

Mir aber glücke es, die ererbten Penaten[13] zu verherrlichen und dem altehrwürdigen Lar[14] die monatlichen Weihrauchopfer abzustatten.

[35] Wie gut lebten die Menschen unter dem Herrscher Saturn,[15] bevor die Erde für lange Reisen erschlossen war! Das Schiff aus Pinienholz hatte die dunkelblauen Wogen noch nicht gering geschätzt und das weit aufgebauschte Segel den Winden völlig überlassen, und der Schiffsherr, der in unbekannten Ländern umherreiste und Gewinne herausholen wollte, [40] hatte sein Schiff noch nicht mit ausländischer Ware beladen.

In jener Zeit fügte der starke Stier sich nicht unter das Joch, biss kein Pferd mit Maultrense in das Zaumzeug, besaß kein Haus Türen und war kein Stein auf den Feldern fest eingeschlagen, der mit genau bestimmten Grenzlinien die Ackerfluren regulieren sollte. [45] Sogar die Eichen spendeten Honig, und die Schafe boten aus freien Stücken sorgenfreien Menschen ihre Euter voller Milch dar.

Non acies, non ira fuit, non bella, nec ensem
    immiti saevus duxerat arte faber.
Nunc Iove sub domino caedes et vulnera semper,
    nunc mare, nunc leti multa reperta via est.   50
Parce, pater! Timidum non me periuria terrent,
    non dicta in sanctos impia verba deos.
Quod si fatales iam nunc explevimus annos,
    fac lapis inscriptis stet super ossa notis:
Hic iacet immiti consumptus morte Tibullus,   55
    Messallam terra dum sequiturque mari.
Sed me, quod facilis tenero sum semper Amori,
    ipsa Venus campos ducet in Elysios.
Hic choreae cantusque vigent, passimque vagantes
    dulce sonant tenui gutture carmen aves,   60
fert casiam non culta seges, totosque per agros
    floret odoratis terra benigna rosis.
Hic iuvenum series teneris immixta puellis
    ludit, et assidue proelia miscet Amor.
Illic est, cuicumque rapax Mors venit amanti,   65
    et gerit insigni myrtea serta coma.
At scelerata iacet sedes in nocte profunda
    abdita, quam circum flumina nigra sonant,
Tisiphoneque impexa feros pro crinibus angues
    saevit, et huc illuc impia turba fugit: 70
Tunc niger intorto serpentum Cerberus ore
    stridet et aeratas excubat ante fores.

Es gab kein Heer, keine Erbitterung, keine Kriege, und der grimmige Schmied hatte noch nicht in mitleidloser Kunstfertigkeit das Schwert geschmiedet.

Jetzt, unter der Herrschaft Jupiters, gibt es ständig Gemetzel und Verwundungen, [50] jetzt gibt es das Meer, jetzt ist ein unablässiger Weg in den Tod gefunden.

Vater, verschone mich! Mich beunruhigen keine Meineide[16], sodass ich in Angst leben muss, keine gegen die unverletzlichen Götter ausgesprochenen ruchlosen Worte. Wenn ich nun aber schon die vom Schicksal bestimmten Jahre voll erreicht habe, lass einen Stein über meinen Gebeinen emporragen, mit der bezeichnenden Inschrift versehen:

[55] »Hier liegt Tibull, vom erbarmungslosen Tod hinweggerafft, während er Messalla zu Wasser und zu Lande folgte.«[17]

Aber weil ich immer dem zärtlichen Gott Amor[18] gefällig bin, wird mich Venus[19] selbst zu den elysischen Gefilden[20] führen. Hier stehen Chorreigen und Gesänge in Blüte, und ringsumher lassen kreisende [60] Vögel aus zarter Kehle süßen Gesang erklingen, unbestelltes Saatfeld trägt wilden Zimt, und über die ganze Landschaft hin steht die gütige Erde in der Blüte duftender Rosen. Der den jungen Mädchen zugesellte Reigen der Jünglinge treibt sein Spiel, und fortwährend wird Amor Kämpfe einflechten. [65] Dort weilt jeder, für den der räuberische Tod kam, als er verliebt war, und trägt das Myrtengewinde[21] im prächtigen Haar.

Die durch Frevel entweihte Stätte aber liegt in tiefer Finsternis[22] verborgen, um die ringsumher schwarze Flüsse[23] rauschen: Und Tisiphone[24], struppig mit wildwuchernden Schlangen anstelle von Haarflechten, [70] wütet, und die gottlose Schar flieht hierhin und dorthin: Dann verdreht der schwarze Cerberus[25] seinen Schlangenrachen, zischt und hält draußen Wache vor der ehernen Pforte[26].

Illic Iunonem tentare Ixionis ausi
versantur celeri noxia membra rota,
porrectusque novem Tityos per iugera terrae 75
assiduas atro viscere pascit aves.
Tantalus est illic, et circum stagna: Sed acrem
iam iam poturi deserit unda sitim,
et Danai proles, Veneris quod numina laesit,
in cava Lethaeas dolia portat aquas. 80
Illic sit, quicumque meos violavit amores,
optavit lentas et mihi militias.
At tu casta precor maneas, sanctique pudoris
assideat custos sedula semper anus.
Haec tibi fabellas referat positaque lucerna 85
deducat plena stamina longa colu,
at circa gravibus pensis affixa puella
paulatim somno fessa remittat opus.
Tunc veniam subito, nec quisquam nuntiet ante,
sed videar caelo missus adesse tibi. 90
Tunc mihi, qualis eris, longos turbata capillos,
obvia nudato, Delia, curre pede.
Hoc precor, hunc illum nobis Aurora nitentem
Luciferum roseis candida portet equis.

Dort kreisen auf schnellem Rad die Gebeine des schuldigen Ixion[27], der es gewagt hat, sich an Juno zu vergreifen, [75] und Tityos[28], über neun Morgen Land hingestreckt, lässt Vögel, die sich beständig dort aufhalten, an seiner schwarzen Leber weiden. Dort befinden sich Tantalus[29] und um ihn herum langsam fließendes Gewässer: Aber im nächsten Augenblick, da er sich anschickt zu trinken, lässt die Welle seinen heftigen Durst im Stich; und die Nachkommenschaft des Danaus[30] [80] schafft Mengen von Wasser aus dem Lethe-Fluss in durchlöcherte Fässer, weil sie das göttliche Walten der Venus verletzt hat.

Dort soll der sein, der sich je an meiner großen Liebe vergriffen und für mich einen sich lange hinschleppenden Kriegsdienst gewünscht hat.

Aber du sollst züchtig bleiben, darum bitte ich, und als Hüterin unverletzlicher Sittsamkeit mag die stets aufmerksame Alte bei dir sitzen. [85] Diese soll dir Geschichten erzählen und bei aufgestellter Öllampe von dem vollen Spinnrocken lange Wollfäden spinnen, und an ihrer Seite mag die Geliebte, an die schweren, für den Tag zugewogenen Wollarbeiten gefesselt, allmählich, zum Schlafen erschöpft, die Arbeit aus den Händen sinken lassen.[31]

Dann will ich plötzlich kommen, und keiner soll es vorher ankündigen, [90] sondern es soll scheinen, dass ich, vom Himmel gesandt, bei dir bin. Dann eile mir entgegen, wie du bist, Delia, das lange Haar in Unordnung und barfuß!

Dieses erbitte ich, dass die von rosenfarbigen Rossen hellglänzende Morgenröte[32] ihn uns bringe, jenen strahlenden Tag.

IV

'Sic umbrosa tibi contingant tecta, Priape,
  ne capiti soles, ne noceantque nives:
Quae tua formosos cepit sollertia?   Certe
  non tibi barba nitet, non tibi culta coma est,
nudus et hibernae producis frigora brumae,   5
  nudus et aestivi tempora sicca Canis.'
Sic ego. Tum Bacchi respondit rustica proles
  armatus curva sic mihi falce deus:
'O fuge te tenerae puerorum credere turbae.
  Nam causam iusti semper amoris habent.   10
Hic placet, angustis quod equum compescit habenis.
  Hic placidam niveo pectore pellit aquam.
Hic, quia fortis adest audacia, cepit. At illi
  virgineus teneras stat pudor ante genas.
Sed ne te capiant, primo si forte negarit,   15
  taedia: Paulatim sub iuga colla dabit.
Longa dies homini docuit parere leones,
  longa dies molli saxa peredit aqua:
Annus in apricis maturat collibus uvas,
  annus agit certa lucida signa vice.   20
Nec iurare time: Veneris periuria venti
  irrita per terras et freta summa ferunt.
Gratia magna Iovi: Vetuit pater ipse valere,
  iurasset cupide quicquid ineptus amor.

4

»Priap[1], so gewiss dir schattige Behausung zuteil werden
soll, damit weder Sonnenhitze noch Schneestürme deinem
Dasein Schaden zufügen: Welche dir eigene Kunstfertigkeit
hat die schönen Knaben eingefangen? Der Bart an dir glänzt
wahrlich nicht, gepflegtes Haar besitzt du nicht, [5] nackt
lässt du die Frostkälte eines sehr kurzen Wintertages ver-
streichen und nackt auch die Trockenzeit eines sommer-
lichen Hundstages[2].«

So sprach ich. Da antwortete mir in dieser Weise der ländliche Sprössling des Bacchus[3], der mit gekrümmter Sichel
bewaffnete Gott:

»Ach, vermeide es, der Schar zarter Knaben Glauben zu
schenken. [10] Denn einen Vorwand zu ehrlicher Liebesglut
haben sie immer. Dieser gefällt, weil er ein Ross mit stram-
mem Zügel bändigt. Dieser hier, mit schneeweißer Brust,
setzt ruhiges Gewässer in Bewegung. Dieser hat dich gefangen, weil er kräftig und mit Kühnheit zur Stelle ist. Jenem
aber haftet jungfräuliche Schamröte auf den zarten Wangen.

[15] Aber dich sollen keine Gefühle von Überdruss er-
greifen, wenn er zuerst vielleicht nein gesagt haben sollte:
Allmählich wird er seinen Nacken unter das Joch fügen.

Eine lange Zeit hat die Löwen gelehrt, dem Menschen zu
gehorchen, eine lange Zeit hat Felsgestein mit weichem Wasser zernagt: Die Jahreszeit bringt auf den von der Sonne be-
strahlten Hügeln die Trauben zur Reife, [20] die Jahreszeit
setzt nach bestimmtem Wechsel die leuchtenden Sternbilder
in Bewegung.

Und scheue dich nicht zu schwören: Die Winde tragen
die ungültigen Meineide der Liebe über die Länder und
Oberflächen der Meere. Großer Dank an Jupiter[4]: Er selbst,
der Vater, hat Unwirksamkeit geboten, sollte törichte Liebe
etwas leidenschaftlich ergeben geschworen haben: [25] Auch

Perque suas impune sinit Dictynna sagittas   25
    affirmes crines perque Minerva suos.
At si tardueris, errabis: Transilit aetas
    quam cito!   Non segnis stat remeatque dies.
Quam cito purpureos deperdit terra colores,
    quam cito formosas populus alba comas!   30
Quam iacet, infirmae venere ubi fata senectae,
    qui prius Eleo est carcere missus equus!
Vidi iam iuvenem, premeret cum serior aetas,
    maerentem stulte praeteriisse dies.
Crudeles divi!   Serpens novus exuit annos: 35
    Formae non ullam fata dedere moram.
Solis aeterna est Baccho Phoeboque iuventas:
    Nam decet intonsus crinis utrumque deum.
Tu, puero quodcumque tuo tentare libebit,
    cedas: Obsequio plurima vincet amor.   40
Neu comes ire neges, quamvis via longa paretur
    et Canis arenti torreat arva siti,
quamvis praetexens picea ferrugine caelum
    venturam admittat nubifer Eurus aquam.
Vel si caeruleas puppi volet ire per undas,   45
    ipse levem remo per freta pelle ratem.
Nec te paeniteat duros subiisse labores
    aut operae insuetas atteruisse manus,
nec, velit insidiis altas si claudere valles,
    dum placeas, umeri retia ferre negent.   50

Diktynna[5] lässt dich ungestraft bei ihren Pfeilen hoch und heilig Beteuerungen machen und bei ihren Locken Minerva[6].

Aber wenn du zögerlich bist, so wirst du in die Irre gehen: Wie schnell verfliegt die Jugend! Die Zeit steht nicht gemächlich still und kehrt nicht zurück. Wie schnell verliert die Erde die purpurnen Farben, [30] wie schnell die Silberpappel ihr schönes Laubwerk! Wie liegt das Ross danieder, sobald das unvermeidliche Ende für sein kraftloses Alter gekommen ist, das Ross, welches man ehedem aus dem Pferch in Elis[7] ins Rennen geschickt hat!

Ich habe schon jemanden trauern gesehen, als ihn ziemlich hohes Alter niederdrückte, dass an ihm als Jüngling die Tage töricht vorübergegangen waren. [35] Grausame Götter! Neu gehäutet streift die Schlange die Jahre ab: Der Schönheit hat das Schicksal keinerlei Dauer verliehen. Als Einzige besitzen Bacchus[8] und Phoebus[9] ewige Jugendfrische: Denn beide Götter schmückt ungekürzte Haarpracht[10].

Du aber, was immer deinem Knaben in Angriff zu nehmen beliebt, [40] du sollst nachgeben: Sehr vieles wird die Liebe durch Nachgiebigkeit bewältigen. Du sollst dich auch nicht weigern, als Begleiter mitzugehen, wenn auch eine noch so lange Reise vorbereitet wird und der Hundsstern die Ackerfluren mit sengender Trockenheit ausdörrt, mag auch der wolkenträchtige Südostwind, indem er den Himmel mit dunkler, pechschwarzer Farbe verhüllt, eine bald kommende Sturmflut in Gang setzen.

[45] Oder wenn er mit einem Schiff die dunkelblauen Wogen wird durchfahren wollen, treibe selbst mit dem Ruder das leichte Floß durch die Meerengen!

Und es soll weder Verdruss bereiten, dass du harte Strapazen auf dich nimmst oder deine Hände tüchtig wund reibst, die Arbeit nicht gewohnt sind, noch sollen die Schultern, [50] solange du nur Gefallen erregst, sich weigern, die Netze zu schleppen, wenn er tiefe Schluchten mit Jagdfallen absperren möchte.

Si volet arma, levi tentabis ludere dextra;
    saepe dabis nudum, vincat ut ille, latus.
Tum tibi mitis erit, rapias tum cara licebit
    oscula: Pugnabit, sed male rapta dabit.
Rapta dabit primo, mox afferet ipse roganti,   55
    post etiam collo se implicuisse volet.
Heu male nunc artes miseras haec saecula tractant:
    Iam tener assuevit munera velle puer.
At tibi, qui Venerem docuisti vendere primus,
    quisquis es: Infelix urgeat ossa lapis.   60
Pieridas, pueri, doctos et amate poetas,
    aurea nec superent munera Pieridas.
Carmine purpurea est Nisi coma: Carmina ni sint,
    ex umero Pelopis non nituisset ebur.
Quem referent Musae, vivet, dum robora tellus,   65
    dum caelum stellas, dum vehet amnis aquas.
At qui non audit Musas, qui vendit amorem,
    Idaeae currus ille sequatur Opis
et tercentenas erroribus expleat urbes
    et secet ad Phrygios vilia membra modos.   70
Blanditiis vult esse locum Venus: Ipsa querelis
    supplicibus, miseris fletibus illa favet.'
Haec mihi, quae canerem Titio, deus edidit ore:
    Sed Titium coniunx haec meminisse vetat.

Sollte er Kampfübungen fordern, wirst du nur leicht mit der Rechten zu tändeln versuchen; oft wirst du deine Flanke entblößt anbieten, damit jener siege. Dann wird er sanft gegen dich sein, dann wirst du teure Küsse rauben dürfen: Er wird kämpfen, aber Küsse gewähren, die auf schlimme Art geraubt sind. [55] Zuerst wird er rasch geholte Küsse schenken, bald selbst dir Küsse bringen, wenn du darum bittest, zuletzt wird er sogar wünschen, sich an deinen Hals zu schmiegen.

Wehe! Übel behandelt jetzt unser Zeitalter die leidenschaftlichen Künste: Bereits der junge Knabe hat sich daran gewöhnt, Geschenke zu fordern. Aber wer immer du bist, der als Erster lehrte, die Liebe zu verkaufen: [60] Dir soll ein verfluchter Stein deine Gebeine beschweren.

Knaben, findet Gefallen an den Pieriden[11] und gelehrten Dichtern! Auch Geschenke aus Gold sollen die Musen nicht übertrumpfen. Durch ein Gedicht glänzt das Haar des Nisus[12] purpurfarben: Gäbe es keine Dichtung, glänzte an der Schulter des Pelops[13] kein Elfenbein hervor. [65] Von dem die Musen erzählen, der wird lebendig sein, solange noch die Naturkräfte die Erde bewegen, solange noch der Himmel die Gestirne, solange noch ein Strom die Wassermassen fortbewegt.

Aber wer von den Musen nichts wissen will, wer die Liebe verkauft, der soll dem Triumphgefährt der Ops[14] vom Ida-Gebirge hinterherhetzen, dreihundert Städte mit seinen Verfehlungen erfüllen [70] und zum Klang phrygischer Weisen sein wertloses Glied abschneiden. Venus fordert, dass Liebkosungen der richtige Stellenwert zukommt: Sie selbst erweist ihre Gunst kniefällig flehenden Klagen und dem Strom unglücklicher Tränen.«

Dieses verkündete mir in seiner Rede der Gott, was ich meinem Titius[15] weitersagen sollte: Aber die Gattin verbietet es dem Titius, daran zu denken. [75] Soll er seiner Gattin ge-

Pareat ille suae: Vos me celebrate magistrum,   75
   quos male habet multa callidus arte puer.
Gloria cuique sua est: Me, qui spernuntur, amantes
   consultent: Cunctis ianua nostra patet.
Tempus erit, cum me Veneris praecepta ferentem
   diducat iuvenum sedula turba senem.   80
Heu heu, quam Marathus lento me torquet amore!
   Deficiunt artes deficiuntque doli.
Parce, puer, quaeso, ne turpis fabula fiam,
   cum mea ridebunt vana magisteria!

V

Asper eram et bene discidium me ferre loquebar:
   at mihi nunc longe gloria fortis abest.
Namque agor ut per plana citus sola verbere turbo,
   quem celer assueta versat ab arte puer.
Ure ferum et torque, libeat ne dicere quicquam   5
   magnificum post haec: Horrida verba doma.
Parce tamen, per te furtivi foedera lecti,
   per Venerem quaeso compositumque caput.
Ille ego, cum tristi morbo defessa iaceres,
   te dicor votis eripuisse meis,   10
ipseque te circumlustravi sulphure puro,
   carmine cum magico praecinuisset anus.

horchen: Feiert ihr mich als euren Lehrmeister[16]! Ihr, die
euch der verschlagene Knabe mit reichlich Kunstfertigkeit
übel behandelt! Jeder besitzt seine ihm eigene Berühmtheit:
Mich sollen die Verliebten, die verschmäht werden, um Rat
fragen: Allen steht meine Tür offen.

Die Zeit wird kommen, wo eine emsige Schar junger Leute
mir Zerstreuung bringt, [80] einem Greis, der Liebeslehren
verkündet. Ach! Wehe! Mit welch gleichgültiger Liebe mich
Marathus[17] martert! Die Fähigkeiten fehlen, und die Ränke
lassen nach.

Verschone mich, Knabe, ich bitte dich, dass ich nicht zum
schändlichen Gerede der Leute werde, indem sie dann meine
belehrenden Ratschläge als inhaltsleer belächeln!

5

Ich war trotzig und sagte wiederholt, ich könne die Trennung gut ertragen: Jetzt aber liegt für mich der Ruhm eines
tatkräftigen Mannes in weiter Ferne. Denn ich werde umher-
getrieben wie über ebene Flächen der vom Peitschenhieb
schnelle Kreisel, den ein gewandter Knabe mit gewohnter
Kunstfertigkeit herumjagt.

[5] Brenne und quäle den Ungezähmten, dass er künftig
überhaupt keine Prahlerei mehr verkünden mag: Zügle die
entsetzlichen Ausdrücke! Schone mich dennoch, ich bitte
dich bei dem Bündnis heimlichen Brautlagers, bei der Göttin
Venus und bei unserem Leben, das sich verbunden hat![1]

Über mich wird gesagt, [10] dass ich dich heldenhaft mit
meinen Gebeten errettet habe, als du von schlimmer Krankheit erschöpft daniederlagst, und ich selbst habe dich in Süh-
negängen[2] mit reinem Schwefel[3] gereinigt, nachdem die Alte
mit magischem Gesang ihre Zauberformel hergesagt hatte.
Ich selbst traf Vorsorge, dass unheilvolle Vorzeichen keinen

Ipse procuravi, ne possent scaeva nocere
   omina ter salsa deveneranda mola.
Ipse ego velatus lino tunicisque solutis   15
   vota novem Triviae nocte silente dedi.
Omnia persolvi: Fruitur nunc alter amore,
   et precibus felix utitur ille meis.
At mihi felicem vitam, si salva fuisses,
   fingebam demens, sed renuente deo: 20
Rura colam, frugumque aderit mea Delia custos,
   area dum messes sole calente teret,
aut mihi servabit plenis in lintribus uvas
   pressaque veloci candida musta pede,
consuescet numerare pecus, consuescet amantis   25
   garrulus in dominae ludere verna sinu.
Illa deo sciet agricolae pro vitibus uvam,
   pro segete et spicas, pro grege ferre dapem.
Illa regat cunctos, illi sint omnia curae:
   At iuvet in tota me nihil esse domo.   30
Huc veniet Messalla meus, cui dulcia poma
   Delia selectis detrahat arboribus,
et tantum venerata virum hunc sedula curet,
   huic paret atque epulas ipsa ministra gerat.
Haec mihi fingebam, quae nunc Eurusque Notusque   35
   iactat odoratos vota per Armenios.

Schaden zufügen konnten, die dreimal mit gesalzenem Opferschrot[4] durch Gebet abzuwenden waren. [15] Ich selbst, in Leinentuch und ein ungegürtetes Unterkleid gehüllt,[5] habe der Hekate im Schweigen der Nacht neun Gelübde geleistet. Alle habe ich eingelöst: Nun genießt ein anderer deine Liebe, und dieser Glückliche nutzt meine Gebete aus.[6]

Aber ich wahnsinniger Mensch stellte mir doch ein glückliches Leben für mich vor, falls du noch am Leben wärst; [20] jedoch gab der Gott seine Einwilligung nicht:

Ich werde das Land bestellen, meine Delia wird als Wächterin über die Erträge zur Stelle sein, indem sie auf der Tenne die Getreideernten in heißer Sonne dreschen oder für mich in gefüllten Kufen die Trauben und den hell glänzenden Rebenmost aufbewahren wird, der mit schnell stampfendem Fuß ausgepresst wurde; [25] sie wird sich gern daran gewöhnen, das Vieh zu zählen, das im Haus geborene, plappernde Sklavenkind daran, auf dem Schoß der liebenden Herrin zu spielen.

Sie wird dem Gott[7] des Landmanns als Dank für die Weinstöcke eine Traube[8] darzubringen wissen, für die Saatfelder Ähren[9] und für die Herde ein Opfermahl[10]. Sie soll allen Weisungen erteilen, sie soll sich um alles kümmern: [30] Mich aber soll es freuen, im ganzen Hauswesen ohne jede Bedeutung zu sein.

Mein Messalla[11] wird hierher kommen, für den Delia süße Früchte von erlesenen Bäumen pflücken und um dessen Wohl sie sich fleißig bemühen soll. Wenn sie den so bedeutenden Mann ehrfürchtig begrüßt hat, soll sie für ihn einen Magenschmaus zubereiten und ihm selbst als Dienerin auftragen.

[35] Das bildete ich mir oft ein, was nun der Wind aus Südost und Süden als Wünsche über die wohlriechenden Fluren Armeniens[12] treibt.

Saepe ego tentavi curas depellere vino:
　At dolor in lacrimas verterat omne merum.
Saepe aliam tenui: Sed iam cum gaudia adirem,
　admonuit dominae deseruitque Venus.　　　　　　　　　　40
Tunc me discedens devotum femina dixit:
　Ah pudet, et narrat scire nefanda meam.
Non facit hoc verbis, facie tenerisque lacertis
　devovet et flavis nostra puella comis:
Talis ad Haemonium Nereis Pelea quondam　　　　　　　45
　vecta est frenato caerula pisce Thetis.
Haec nocuere mihi, quod adest huic dives amator:
　Venit in exitium callida lena meum.
Sanguineas edat illa dapes atque ore cruento
　tristia cum multo pocula felle bibat.　　　　　　　　　50
Hanc volitent animae circum sua fata querentes
　semper et e tectis strix violenta canat.
Ipsa fame stimulante furens herbasque sepulcris
　quaerat et a saevis ossa relicta lupis,
currat et inguinibus nudis ululetque per urbes,　　　　55
　post agat e triviis aspera turba canum.
Eveniet: Dat signa deus. Sunt numina amanti
　saevit et iniusta lege relicta Venus.
At tu quam primum sagae praecepta rapacis
　desere: Nam donis vincitur omnis amor.　　　　　　　60
Pauper erit praesto tibi, praesto pauper adibit
　primus et in tenero fixus erit latere;

Oft habe ich versucht, die Sorgen mit Wein zu vertreiben, aber der Schmerz hatte allen Wein in Tränen verwandelt. Oft habe ich eine andere Frau im Arm gehalten, doch wenn ich mich gerade den freudigen Genüssen näherte, [40] erinnerte Venus an meine Gebieterin und ließ mich im Stich.

Im Fortgehen sagte damals die Frau, ich sei verwünscht[13]: O wehe, das erfüllt mit Scham! Und sie erzählt, meine Geliebte verstehe Unaussprechliches.

Meine Geliebte schafft das nicht mit Zaubersprüchen, sie verzaubert durch ihr Antlitz, ihre zarten Arme[14] und die blonde Haarpracht[15]: [45] So beschaffen ritt einst die blaue Thetis[16], die Tochter des Nereus, auf gezäumtem Fisch zu Peleus von Thessalien.

Diese Eigenschaften haben mich aber beschädigt, da ihr ein reicher Liebhaber zur Hand ist: Zu meinem Verderben kam eine verschlagene Kupplerin hinzu.

Ein blutiges Opfermahl soll jene verzehren und mit bluttriefendem Mund [50] Trübsal bereitende Becher mit reichlich Galle austrinken. Um sie herum sollen stets abgeschiedene Seelen flattern, die ihr Schicksal bejammern, und die Ohreule soll von den Dächern Gewalt ankündigen. Sie selbst soll, wahnsinnig von quälendem Hunger, bei den Gräbern Kräuter suchen und Knochen, die von grimmigen Wölfen übrig gelassen wurden, [55] und mit nacktem Unterleib soll sie durch die Städte hetzen und heulen, zuletzt soll die bissige Hundemeute sie von den Wegkreuzungen verjagen.[17]

Es wird sich so ereignen: Der Gott gibt Hinweise. Es gibt göttliches Walten für den Verliebten, und es wütet Venus, die durch einen unrechtmäßigen Vertrag im Stich gelassen worden ist.[18]

Nimm du aber möglichst bald Abstand von den Lehren der raffgierigen Hexe: [60] Denn jede Liebe geht mit Geschenken zugrunde. Ein armer Mann wird dir zu Diensten sein; bereitwillig wird ein armer Mann als Erster dir seine

pauper in angusto fidus comes agmine turbae
  subicietque manus efficietque viam;
pauper ad occultos furtim deducet amicos   65
  vinclaque de niveo detrahet ipse pede.
Heu canimus frustra, nec verbis victa patescit
  ianua, sed plena est percutienda manu.
At tu, qui potior nunc es, mea furta timeto:
  Versatur celeri Fors levis orbe rotae.   70
Non frustra quidam iam nunc in limine perstat
  sedulus ac crebro prospicit ac refugit,
et simulat transire domum, mox deinde recurrit
  solus et ante ipsas exscreat usque fores.
Nescio quid furtivus amor parat: Utere, quaeso,   75
  dum licet: In liquida nat tibi linter aqua.

VI

Semper, ut inducar blandos, offers mihi vultus,
  post tamen es misero tristis et asper, Amor.
Quid tibi saevitiae mecum est? An gloria magna est
  insidias homini composuisse deum?
Iam mihi tenduntur casses. Iam Delia furtim   5
  nescio quem tacita callida nocte fovet.

Aufwartung machen und fest sich angeschmiegend an deiner jugendfrischen Seite sein; ein armer Mann wird in der bedrängenden Volksmenge zuverlässiger Begleiter sein, seine Hände zum Stützen anbieten und den Weg bahnen; [65] ein armer Mann wird dich heimlich zu versteckten Freunden geleiten und die Bänder dir vom schneeweißen Fuß selbst abstreifen.[19]

Wehe! Ich singe vergeblich, und keine Tür öffnet sich, weil sie von Worten besiegt ist, sondern sie muss mit voller Gewalt eingeschlagen werden.[20]

Doch du, der du nun reichlich den Vorzug genießt, du sollst meine Schliche fürchten: [70] Das unstete Glück wird oft mit einer schnellen Drehbewegung des Rades gewendet.

Mit guter Aussicht auf Erfolg bleibt schon jetzt einer beharrlich an der Schwelle stehen, hält aufmerksam wiederholt Ausschau und zieht sich zurück, tut so, als ginge er an dem Haus vorbei, eilt bald darauf zurück und räuspert sich, obwohl allein, in einem fort unmittelbar vor der Pforte.[21]

[75] Für irgendetwas trifft verstohlene Liebe Vorkehrungen: Bitte, genieße, solange es möglich ist: Dein Kahn gleitet in noch ungetrübtem Gewässer dahin.

6

Amor[1], stets bietest du mir reizende Anblicke, mich zu verleiten, später jedoch bist du gegenüber dem unglücklich Verliebten ablehnend und grausam.

Unbarmherziger, welche Grausamkeit hast du mir gegenüber im Sinn? Oder bedeutet es etwa gewaltigen Ruhm, als Gott einem Menschen einen Hinterhalt zu legen? [5] Schon werden mir Fallstricke gespannt. Schon schenkt die listige Delia heimlich in verschwiegener Nacht irgendwem ihre Wärme.

Illa quidem iurata negat, sed credere durum est:
    Sic etiam de me pernegat usque viro.
Ipse miser docui, quo posset ludere pacto
    custodes: Heu heu, nunc premor arte mea!   10
Fingere tunc didicit causas, ut sola cubaret,
    cardine tunc tacito vertere posse fores,
tunc sucos herbasque dedi, quis livor abiret,
    quem facit impresso mutua dente Venus.
At tu, fallacis coniunx incaute puellae,   15
    me quoque servato, peccet ut illa nihil,
neu iuvenes celebret multo sermone, caveto,
    neve cubet laxo pectus aperta sinu,
neu te decipiat nutu, digitoque liquorem
    ne trahat et mensae ducat in orbe notas!   20
Exibit cum saepe, time, seu visere dicet
    Sacra Bonae maribus non adeunda Deae!
At, mihi si credas, illam sequar unus ad aras.
    Tunc mihi non oculis sit timuisse meis.
Saepe, velut gemmas eius signumve probarem,   25
    per causam memini me tetigisse manum.
Saepe mero somnum peperi tibi, at ipse bibebam
    sobria supposita pocula victor aqua.

Sie hat jedenfalls geschworen und stellt solche Dinge in
Abrede, aber es ist schwierig, Vertrauen zu schenken: So
streitet sie auch fortwährend das, was mich betrifft, entschie-
den ab vor ihrem Gatten. Ich liebeskranker Mann habe selbst
gelehrt, auf welche Weise sie die [10] Aufpasser täuschen
kann[2]: Wehe! Wehe! Nun gerate ich durch meine eigene
Kunst in Bedrängnis! Damals hat sie gelernt, Ausreden zu
ersinnen, um allein zu schlafen, damals, die Tür in der Angel
ohne Laut drehen zu können. Damals gab ich ihr Arznei-
tränkchen und Zauberkräuter, mit denen der blaue Fleck
verschwinden konnte, den beiderseitiger Liebesgenuss verursacht, wenn sich ein Zahn durch seinen Eindruck abzeich-
net.[3]

[15] Aber du, unvorsichtiger Gatte einer betrügerischen
Liebsten, du sollst auch mich beobachten, dass sie nichts verkehrt macht!

Du sollst dich in Acht nehmen, dass sie sich nicht mit un-
ablässigem Gespräch an junge Männer drängt noch offen-
herzig zu Tische liegt, weil der Bausch ihres Gewandes am
Busen sich weitet, noch mit zustimmendem Nicken dich
hintergeht, noch auch Flüssigkeit mit dem Finger [20] aus-
zieht und auf dem Rund des Tisches Geheimzeichen malt![4]

Wenn sie oft aus dem Haus gehen wird, sei in Sorge, oder
wenn sie erklären wird, die Mysterien der Bona Dea[5] auf-
gesucht zu haben, die Männer nicht besuchen dürfen!

Ich aber, wenn du mir Vertrauen schenken kannst, würde
allein bis zum Altar ihr folgen:[6] Das gäbe es dann bei mir
nicht, um mein Augenlicht fürchten zu müssen.

[25] Ich denke daran, dass ich oft unter einem Vorwand,
wie zum Beispiel, um ihre Edelsteine oder ihren Siegelring
zu prüfen, ihre Hand berührt habe. Oft habe ich dir mit un-
vermischtem Wein einen Schlaftrunk bereitet, selbst aber
Wasser hinzugefügt, ernüchternde Becher getrunken, und
der Sieger war ich.

Non ego te laesi prudens (ignosce fatenti):
    Iussit Amor. Contra quis ferat arma deos?   30
Ille ego sum, nec me iam dicere vera pudebit,
    instabat tota cui tua nocte canis.
Quid tenera tibi coniuge opus? Tua si bona nescis
    servare, heu, frustra clavis inest foribus.
Te tenet, absentes alios suspirat amores   35
    et simulat subito condoluisse caput.
At mihi servandam credas: Non saeva recuso
    verbera, detrecto non ego vincla pedum.
Tunc procul absitis, quisquis colit arte capillos,
    effluit effuso cui toga laxa sinu.   40
Quisquis et occurret, ne possit crimen habere,
    stet procul, aut alia stet procul ante via.
Sic fieri iubet ipse deus, sic magna sacerdos
    est mihi divino vaticinata sono
(haec, ubi Bellonae motu est agitata, nec acrem   45
    flammam, non amens verbera torta timet.
Ipsa bipenne suos caedit violenta lacertos
    sanguineque effuso spargit inulta deam,
statque latus praefixa veru, stat saucia pectus,
    et canit eventus, quos dea magna monet):   50
'Parcite quam custodit Amor, violare puellam,
    ne pigeat magno post didicisse malo.
Attigeris, labentur opes, ut vulnere nostro
    sanguis, ut hic ventis diripiturque cinis.'

Mit Absicht habe ich dich nicht verletzt (verzeih mir, dass ich gestehe!): [30] Amor befahl es. Wer möchte wohl Waffen gegen die Götter richten? Ich bin jener Mann – und ich will mich nicht mehr schämen, die Wahrheit zu sagen –, dem deine Hündin während der ganzen Nacht zusetzte.

Was hast du eine zarte Gattin nötig? Wenn du dein Hab und Gut nicht zu bewahren weißt, o wehe, dann steckt der Schlüssel vergeblich in der Tür! [35] Sie hält dich umarmt, sehnt sich aber nach anderen Liebesgluten, die in der Ferne liegen, und täuscht plötzlich Kopfschmerzen vor.

Mir aber kannst du es anvertrauen, sie zu behüten: Ich scheue keine grausamen Schläge, lehne Fußfesseln nicht ab.

Dann sollt ihr in der Ferne Abstand halten, jeder Mann, der seine Locken kunstvoll frisiert [40] und dem die Toga mit übertriebenem Faltenwurf bauschig locker fällt. Wer immer uns begegnet, soll, um keinen Schuldvorwurf auf sich laden zu können, weit entfernt stehen, oder er soll vorher auf der anderen Straßenseite in der Ferne stehen bleiben.

Dass es so geschieht, gebietet der Gott selbst[7], so hat es mir die große Priesterin in göttlichem Spruch geweissagt [45] (sobald diese von der Begeisterung für Bellona[8] umgetrieben ist, fürchtet sie keine hitzige Flamme, keine Folterschläge, weil sie von Sinnen ist.

Sie selbst schlägt ungestüm mit der Doppelaxt ihre Arme und besprengt ungestraft[9] mit ihrem vergossenen Blut die Göttin; sie steht da, vom Wurfspieß ihre Seite durchbohrt, steht da, verwundet ihre Brust, [50] und sie verkündet die kommenden Ereignisse, welche die große Göttin vorhersagt):

»Unterlasst es, eine junge Frau zu verletzen, die Amor beschützt, damit es euch später nicht reue, aus großem Unglück zu lernen. Hast du sie angerührt, wird die Macht schwinden wie das Blut durch meine Verwundung, und wie die Asche hier von den Winden verweht wird.«[10]

Et tibi nescio quas dixit, mea Delia, poenas: 55
  Si tamen admittas, sit precor illa levis.
Non ego te propter parco tibi, sed tua mater
  me movet atque iras aurea vincit anus.
Haec mihi te adducit tenebris multoque timore
  coniungit nostras clam taciturna manus,   60
haec foribusque manet noctu me affixa proculque
  cognoscit strepitus me veniente pedum.
Vive diu mihi, dulcis anus: Proprios ego tecum,
  sit modo fas, annos contribuisse velim.
Te semper natamque tuam te propter amabo: 65
  Quidquid agit, sanguis est tamen illa tuus.
Sit modo casta, doce, quamvis non vitta ligatos
  impediat crines nec stola longa pedes.
Et mihi sint durae leges, laudare nec ullam
  possim ego, quin oculos appetat illa meos;   70
et si quid peccasse puter, ducarque capillis
  in medias pronus proripiarque vias.
Non ego te pulsare velim, sed, venerit iste
  si furor, optarim non habuisse manus.
Nec saevo sis casta metu, sed mente fideli: 75
  Mutuus absenti te mihi servet amor.
At quae fida fuit nulli, post victa senecta
  ducit inops tremula stamina torta manu
firmaque conductis adnectit licia telis
  tractaque de niveo vellere ducta putat.   80
Hanc animo gaudente vident iuvenumque catervae
  commemorant merito tot mala ferre senem,

[55] Auch dir, meine Delia, hat sie irgendeine Bestrafung angekündigt: Wenn du jedoch Einlass gewährst, soll sie sanft sein, so bitte ich.

Ich schone dich nicht um deinetwillen, sondern deine Mutter rührt mich, und die goldwerte[11], bejahrte Frau bezwingt meine Gefühle der Verbitterung.[12]

Sie führt dich in der Finsternis zu mir, [60] und sie vereint verschwiegen mit großer Furcht heimlich unsere Hände; sie wartet nachts, an den Eingang geschmiegt, auf mich und erkennt aus der Ferne das Geräusch der Schritte, wenn ich komme.

Lebe lange, du mir angenehme alte Frau! Dir möchte ich, gäbe es nur die Erlaubnis[13], meine eigenen Lebensjahre zuschlagen. [65] Stets werde ich dich und deinetwegen deine Tochter lieben: Was immer sie tut, sie ist dennoch dein Blut. Doch soll sie züchtig sein, das lehre sie, auch wenn keine Kopfbinde[14] die gebändigte Haarpracht hält und kein langes Gewand die Schritte hemmt.

Auch ich soll harten Bedingungen unterliegen, und ich soll keine andere loben [70] können, ohne dass sie meine Augen mit Angriff bedroht[15]; und wenn sie von mir glaubt, ich hätte mich irgendwie vergangen, soll ich an den Haaren gezogen und vornübergeneigt mitten auf die Straße geschleift werden.

Ich möchte dich nicht schlagen wollen, sondern würde wünschen, keine Hände zu haben, wenn diese Raserei gekommen ist.

[75] Du aber sollst nicht aus schrecklicher Furcht keusch sein, sondern aus aufrichtiger Gesinnung: Die gegenseitige Liebe soll dich mir erhalten, wenn ich fern bin.

Die aber keinem treu war, spinnt später, von hohem Alter bezwungen, in ihrer Not mit zitternder Hand gedrehte Fäden, verknüpft die starken Querfäden auf einem Webstuhl, den sie gemietet hat, [80] und glaubt, das Gespinst sei von einem schneeweißen Vlies gezogen.[16]

hanc Venus ex alto flentem sublimis Olympo
    spectat et infidis quam sit acerba monet.
Haec aliis maledicta cadant: Nos, Delia, amoris   85
    exemplum cana simus uterque coma.

VII

Hunc cecinere diem Parcae fatalia nentes
    stamina, non ulli dissolvenda deo;
hunc fore, Aquitanas posset qui fundere gentes,
    quem tremeret forti milite victus Atax.
Evenere: Novos pubes Romana triumphos   5
    vidit et evinctos brachia capta duces:
At te victrices lauros, Messalla, gerentem
    portabat niveis currus eburnus equis.
Non sine me est tibi partus honos: Tarbella Pyrene
    testis et Oceani litora Santonici,   10
testis Arar Rhodanusque celer magnusque Garunna,
    Carnuti et flavi caerula lympha Liger.
An te, Cydne, canam, tacitis qui leniter undis
    caeruleus placidis per vada serpis aquis,
quantus et aethereo contingens vertice nubes   15
    frigidus intonsos Taurus alat Cilicas?
Quid?   Referam, ut volitet crebras intacta per urbes
    Alba Palaestino sancta columba Syro,

Diese Frau sehen auch Scharen junger Leute belustigten Sinnes, bemerken dazu, die Greisin ertrage verdientermaßen so viel Unglück; diese Frau, wie sie weint, betrachtet die erhabene Venus vom hohen Olymp herab und mahnt an, wie schonungslos sie gegen treulose Frauen ist.

[85] Solche Verwünschungen sollen auf andere fallen: Wir, Delia[17], wollen beide ein Vorbild für die Liebe sein, auch wenn unser Haar ergraut ist.

7

Von diesem Tag kündeten die Parzen[1], die die Schicksalsfäden spinnen, welche kein Gott aufzulösen vermag; dieser Tag[2] werde es sein, der die Stämme der Aquitanier[3] niederwerfen könnte und vor dem der Atax[4] erzittern würde, überwunden vom tapferen Soldaten.

[5] So hat es sich ereignet: Das römische Volk sah außergewöhnliche Triumphzüge[5] und an den gefesselten Armen angekettete Anführer: Dich aber, Messalla[6], der du den Siegeslorbeer in Händen hieltest, trug der Elfenbeinwagen[7] mit schneeweißen Pferden dahin.

Nicht ohne mich hast du dir Ruhm verschafft: Die tarbellische[8] Bergkette der Pyrenäen [10] ist mein Zeuge und das Gestade am Meer der Santonen[9], Zeuge die Saône[10], die schnelle Rhone und die gewaltige Garonne, mit ihrem blauen Gewässer auch die Loire des blondhaarigen Carnuten[11].

Oder soll ich dich besingen, Cydnus[12], der du bläulich, mit ruhiger Strömung und friedlichem Gewässer, dich sanft über die Untiefen schlängelst, [15] und wie mächtig der kalte Taurus[13] ist, der mit seinem himmelhohen Gipfel die Wolken berührt und die ungeschorenen[14] Kilikier nährt?

Wie? Soll ich berichten, wie die weiße Taube[15], die dem Syrer in Palästina[16] heilig ist, unbehelligt in den wimmelnden Städten umherflattert und wie Tyros[17] mit seinen Türmen auf

utque maris vastum prospectet turribus aequor
    prima ratem ventis credere docta Tyros,   20
qualis et, arentes cum findit Sirius agros,
    fertilis aestiva Nilus abundet aqua?
Nile pater, quanam possim te dicere causa
    aut quibus in terris occuluisse caput?
Te propter nullos tellus tua postulat imbres,   25
    arida nec Pluvio supplicat herba Iovi.
Te canit utque suum pubes miratur Osirim
    barbara, Memphitem plangere docta bovem.
Primus aratra manu sollerti fecit Osiris
    et teneram ferro sollicitavit humum,   30
primus inexpertae commisit semina terrae
    pomaque non notis legit ab arboribus.
Hic docuit teneram palis adiungere vitem,
    hic viridem dura caedere falce comam:
Illi iucundos primum matura sapores   35
    expressa incultis uva dedit pedibus.
Ille liquor docuit voces inflectere cantu,
    movit et ad certos nescia membra modos,
Bacchus et agricolae magno confecta labore
    pectora laetitiae dissolvenda dedit: 40
Bacchus et afflictis requiem mortalibus adfert,
    crura licet dura compede pulsa sonent.
Non tibi sunt tristes curae nec luctus, Osiri,
    sed chorus et cantus et levis aptus amor,
sed varii flores et frons redimita corymbis,   45
    fusa sed ad teneros lutea palla pedes

weite Meeresflächen hinausblickt, [20] als erste Stadt dazu in der Lage, ein Schiff den Winden anzuvertrauen, und welcher Natur der Nil[18] ist, der, wenn der Sirius[19] die vertrockneten Ackerflächen bersten lässt, Fruchtbarkeit bringt und mit seinem Wasser zur Sommerzeit die Felder überströmt?

Vater[20] Nil, könnte ich erklären, aus welchem Grunde denn oder in welchen Ländern du deine Quelle verborgen hältst? [25] Deinetwegen verlangt dein Land nicht nach Regenwasser, und kein Rasen fleht durstig den Regenspender[21] Jupiter an. Dich besingt[22] und bewundert wie seinen Osiris[23] das fremdländische Volk, das gelernt hatte, den Stier aus Memphis zu beklagen.

Als Erster schuf Osiris mit kunstfertiger Hand Pflugscharen [30] und brachte den empfindsamen Boden mit dem Eisen in Bewegung, als Erster gab er Samen zu unerprobter Erde und erntete Früchte von noch nicht bekannten Bäumen. Er lehrte, die zarte Weinrebe an Pfähle zu binden, er, grünendes Laubwerk mit hartem Winzermesser zu beschneiden: [35] Ihm zuerst spendete die reife Traube, von bloßen Füßen ausgepresst, angenehme Gaumenfreuden.

Diese Flüssigkeit[24] lehrte, die Stimmen beim Singen zu heben und zu senken, sie setzte zu bestimmten Melodien Glieder in Bewegung, die des Tanzens unkundig waren, und Bacchus[25] schenkte dem Bauern [40] ein Herz, das es für die Freude zu entspannen gilt, wenn es von schwerer Arbeit erschöpft ist. Bacchus verschaffte auch den vom Schicksal bedrängten Menschen Erholung, mögen auch die Schenkel klirrende Geräusche ertönen lassen, wenn die harten Fußfesseln aneinander gestoßen sind.

Osiris, dir sind keine betrüblichen Sorgen und Trauer eigen,[26] sondern Reigen und Gesang, auch die leichte, entgegenkommende Liebe, [45] auch bunte Blumen und die von Blütentrauben des Efeus[27] umwundene Stirn, auch das goldgelbe,[28] bis zu den zarten Füßen herabwallende[29] Festkleid

et Tyriae vestes et dulcis tibia cantu
et levis occultis conscia cista sacris.
Huc ades et centum ludos Geniumque choreis
concelebra et multo tempora funde mero: 50
Illius et nitido stillent unguenta capillo,
et capite et collo mollia serta gerat.
Sic venias hodierne: Tibi dem turis honores,
liba et Mopsopio dulcia melle feram.
At tibi succrescat proles quae facta parentis   55
augeat et circa stet venerata senem.
Nec taceat monumenta viae, quem Tuscula tellus
candidaque antiquo detinet Alba Lare.
Namque opibus congesta tuis hic glarea dura
sternitur, hic apta iungitur arte silex.   60
Te canet agricola, a magna cum venerit urbe
serus inoffensum rettuleritque pedem.
At tu, Natalis multos celebrande per annos,
candidior semper candidiorque veni!

VIII

Non ego celari possum, quid nutus amantis
quidve ferant miti lenia verba sono.
Nec mihi sunt sortes nec conscia fibra deorum,
praecinit eventus nec mihi cantus avis:

und die purpurnen Gewänder aus Tyros[30], auch die Flöte[31]
mit ihrem lieblichen Klang und die leichte Lade[32], die um die
verborgen gehaltenen mystischen Geräte weiß.

Hierzu erscheine und feiere hundert Spiele, feiere den Genius[33] mit Tanzreigen, [50] lass auch reichlich lauteren Wein
über seine Schläfen strömen! Von seinem[34] glänzenden Haar
soll Salböl tropfen, und auf dem Haupt und um den Nacken
soll er weiche Kränze[35] tragen.

So sollst du heute erscheinen[36]: Ich möchte dir mit Weih-
rauchopfern Ehren erweisen, auch will ich von attischem
Honig[37] süßen Opferkuchen darbringen.

[55] Dir[38] aber soll eine Nachkommenschaft[39] heranwach-
sen, welche die Taten des Vaters mehrt, die dich verehrt und
umringt, wenn du ein alter Mann bist.

Die Erinnerungszeichen deines Straßenbaus[40] soll auch
der nicht mit Schweigen übergehen, den ein Grundbesitz in
Tusculum[41] oder das strahlende Alba[42] am uralten Lar fern
hält. Denn auch hier wird mit deinen Geldmitteln zusam-
mengetragener harter Kies [60] eingeebnet, hier gibt es nach
geeigneter Handwerkskunst einen Steinverband.

Dich wird der Landmann besingen, wenn er spät aus der
Großstadt kommt und sich heimwärts begibt, ohne stolpern
zu müssen.[43]

Doch du, über viele Jahre hin feiernswerter Tag der Geburt, komm immer noch strahlender!

8

Mir kann man nicht verheimlichen, was das Neigen des
Hauptes bei einer Verliebten oder was milde Worte mit sanf-
tem Klang überbringen.[1]

Ich besitze weder ein Losorakel noch Eingeweide, die um
den Willen der Götter wissen, noch auch sagt mir der Gesang
eines Vogels künftige Ereignisse voraus[2]:

Ipsa Venus magico religatum brachia nodo   5
  perdocuit multis non sine verberibus.
Desine dissimulare: Deus crudelius urit,
  quos videt invitos succubuisse sibi.
Quid tibi nunc molles prodest coluisse capillos
  saepeque mutatas disposuisse comas,   10
quid fuco splendente genas ornasse, quid ungues
  artificis docta subsecuisse manu?
Frustra iam vestes, frustra mutantur amictus,
  ansaque compressos colligat arta pedes.
Illa placet, quamvis inculto venerit ore   15
  nec nitidum tarda compserit arte caput.
Num te carminibus, num te pallentibus herbis
  devovit tacito tempore noctis anus?
Cantus vicinis fruges traducit ab agris,
  cantus et iratae detinet anguis iter,   20
cantus et e curru Lunam deducere tentat,
  et faceret, si non aera repulsa sonent.
Quid queror, heu, misero carmen nocuisse, quid herbas?
  Forma nihil magicis utitur auxiliis:
Sed corpus tetigisse nocet, sed longa dedisse   25
  oscula, sed femori conseruisse femur.
Nec tu difficilis puero tamen esse memento
  (persequitur poenis tristia facta Venus),

[5] Venus[3] selbst hat den an den Armen mit einem Zauber-
knoten Gefesselten mit sehr viel Schlägen gründlich belehrt.[4]

Lass ab, Folgendes zu missachten! Der Gott[5] brennt noch
grausamer die, bei denen er sieht, dass sie sich ihm nur wider-
willig unterwerfen.

Was nützt es dir jetzt, die weiche Haarpracht gepflegt [10]
und die Frisur häufig verwandelt und geordnet zu haben,
was, die Wangen mit glänzender Purpurfarbe geziert, was,
die Nägel durch die kundige Hand eines Schönheitskünstlers
zurückgeschnitten zu haben? Vergeblich werden nun die
Kleidungsstücke, vergeblich die Gewänder gewechselt, vergeblich auch schnürt die gestraffte Öse die eingezwängten
Füße ein.

[15] Jene[6] erregt Gefallen, obgleich sie ohne zurechtge-
machtes Gesicht zum Stelldichein gekommen ist und ihr
Haupt nicht mit lang dauernder Kunstfertigkeit geschmückt
hat, auf dass es glänze.

Hat dich etwa mit Zaubergesängen, hat dich etwa mit blei-
chenden Kräutern die Alte zu verschwiegener Nachtzeit verhext?[7] Zaubergesang versetzt von benachbarten Feldern die
Früchte, [20] Zaubergesang hemmt auch den Weg der wütenden Schlange, Zaubergesang versucht auch, den Mond von
seinem Wagen herabzuziehen,[8] und er könnte es schaffen,
falls die wiederholt geschlagenen Kupferbecken[9] nicht dröh-
nen.[10]

Doch ach! Was klage ich, dass mir Unglücklichem ein
Zauberlied, was, dass mir Zauberkräuter Leid zugefügt haben? Schönheit braucht keineswegs magische Hilfsmittel:
[25] Aber den Leib berührt, aber lang dauernde Küsse gegeben, aber Oberschenkel mit Oberschenkel verflochten zu
haben, das bringt Leiden.[11]

Du aber bedenke dennoch, dem Knaben gegenüber nicht
unzugänglich zu sein! (Venus verfolgt unfreundliches Handeln mit Bestrafung.[12]) Du sollst keine Geschenke fordern[13]:

munera ne poscas: Det munera canus amator,
ut foveat molli frigida membra sinu.   30
Carior est auro iuvenis, cui levia fulgent
ora nec amplexus aspera barba terit.
Huic tu candentes humero suppone lacertos,
et regum magnae despiciantur opes.
At Venus inveniet puero concumbere furtim,   35
dum tumet et teneros conserit usque sinus,
et dare anhelanti pugnantibus umida linguis
oscula et in collo figere dente notas.
Non lapis hanc gemmaeque iuvent, quae frigore sola
dormiat et nulli sit cupienda viro.   40
Heu sero revocatur amor seroque iuventas,
cum vetus infecit cana senecta caput.
Tunc studium formae est: Coma tunc mutatur, ut annos
dissimulet viridi cortice tincta nucis:
Tollere tunc cura est albos a stirpe capillos   45
et faciem dempta pelle referre novam.
At tu, dum primi floret tibi temporis aetas
utere: Non tardo labitur illa pede.
Neu Marathum torque: Puero quae gloria victo est?
In veteres esto dura, puella, senes.   50
Parce precor tenero: Non illi sontica causa est.
Sed nimius luteo corpora tingit amor.

Geschenke soll der altersgraue Freier bieten, [30] damit er seine kaltstarren Glieder an empfindsamem Busen wärmen darf.

Liebenswerter als Gold ist ein junger Mann, bei dem das glatte Gesicht glänzt und kein Stachelbart bei Umarmungen kratzt. Ihm lege du deine schimmernden Arme um die Schulter, und der gewaltige Reichtum von Königen kann verachtet werden.

[35] Venus aber wird einen Weg finden, sich heimlich zu dem Knaben zu legen, dieweil er vor Leidenschaft glüht und unentwegt die zarte Brust an zarte Brust schmiegt, ihm feuchte Küsse zu geben, der da keucht, wenn die Zungen miteinander ringen, und am Hals Spuren mit den Zähnen fest einzuprägen.[14]

Perlen und Edelsteine können eine Frau nicht erfreuen, die bei Winterkälte[15] allein [40] schlafen muss und keinem Mann begehrenswert erscheint.

Wehe! Zu spät ruft man die Liebe, zu spät die Jugend zurück, wenn vorgerücktes Alter das betagte Haupt grau überzogen hat.[16]

Dann gilt das Bemühen der Schönheit: Dann verwandelt man das Haar, damit es, gefärbt mit dem Extrakt der grünen[17] Nussschale, die Jahre verheimliche; [45] dann gilt es, die weißen Haare mitsamt der Wurzel auszurupfen und durch Schälen der Haut wieder ein junges Aussehen vorzuweisen.

Du aber genieße, solange dir des Lebens Frühlingszeit blüht! Auf recht raschem Fuß gleitet sie dahin.

Und quäle Marathus nicht! Was für ein Ruhm ist das, wenn der Knabe besiegt ist? [50] Gegen steinalte Männer sollst du hart sein, Mädchen! Ich bitte darum, schone den zarten Jungen! Es gibt bei ihm keinen bedenklichen Krankheitsgrund, vielmehr verfärbt die Liebe allzu sehr seine Erscheinung mit safrangelber Blässe.

Vel miser absenti maestas quam saepe querelas
  conicit et lacrimis omnia plena madent!
'Quid me spernis?' ait, 'poterat custodia vinci: 55
  Ipse dedit cupidis fallere posse deus.
Nota Venus furtiva mihi est, ut lenis agatur
  spiritus, ut nec dent oscula rapta sonum.
Et possum media quamvis obrepere nocte
  et strepitu nullo clam reserare fores.   60
Quid prosunt artes, miserum si spernit amantem
  et fugit ex ipso saeva puella toro
vel, cum promittit, subito sed perfida fallit,
  est mihi nox multis evigilanda malis?
Dum mihi venturam fingo, quodcumque movetur,   65
  illius credo tunc sonuisse pedes.'
Desistas lacrimare, puer: Non frangitur illa,
  et tua iam fletu lumina fessa tument.
Oderunt, Pholoe, moneo, fastidia divi,
  nec prodest sanctis tura dedisse focis.   70
Hic Marathus quondam miseros ludebat amantes,
  nescius ultorem post caput esse deum;
saepe etiam lacrimas fertur risisse dolentis
  et cupidum ficta detinuisse mora.
Nunc omnis odit fastus, nunc displicet illi   75
  quaecumque opposita est ianua dura sera.
At te poena manet, ni desinis esse superba.
  Quam cupies votis hunc revocare diem!

Wie oft richtete der Arme sogar Trauer kündende Klagen an dich, wenn du fort warst? Und alles ist von Tränen erfüllt und nass! [55] »Was verschmähst du mich?« sagt er. »Man hätte die Bewachung überwinden können: Der Gott selbst schenkte den leidenschaftlich Liebenden die Gabe, täuschen zu können.[18]

Ich kenne die heimliche Liebe, ich weiß, wie man das Atmen sanft hält und wie geraubte Küsse keinen Laut abgeben. Ich vermag sowohl herbeizuschleichen, sei es auch mitten in der Nacht, [60] als auch ohne Geräusch heimlich die Flügeltür zu entriegeln.

Was nützen die Fertigkeiten, wenn die Geliebte mich unglücklich Liebenden verschmäht und spröde unmittelbar vom Lager flüchtet oder, wenn sie Versprechungen macht, sie plötzlich aber nicht erfüllt, die Wortbrüchige, ich die Nacht mit vielen Kümmernissen durchwachen muss? [65] Während ich mir vorstelle, dass sie kommt, glaube ich, was immer sich rührt, dass dann ihre Füße das Geräusch verursacht haben.«[19]

Hör auf zu weinen, Knabe: Sie beugt man nicht, und deine Augen sind müde und vom Weinen bereits angeschwollen.[20]

Dich warne ich, Pholoe, die Götter hassen hochmütiges Verhalten, [70] und es nützt nichts, auf heiligen Feuerstätten Weihrauch zu opfern.[21]

Dieser Marathus verspottete einst wiederholt die glücklos Liebenden, ohne zu wissen, dass der Gott als Rächer[22] dicht hinter ihm stand: Es wird berichtet, er habe auch häufig über die Tränen eines schmerzlich Betroffenen gelacht und den nach Liebe Schmachtenden mit erfundenem Verzögerungsgrund hingehalten. [75] Nun hasst er jedes hochmütige Gehabe, nun missfällt ihm jede Tür, die ihm mit unnachgiebigem Riegel entgegensteht.[23]

Dir aber steht Strafe bevor, wenn du nicht aufhörst, hochmütig zu sein. Wie wirst du dir wünschen, diesen Tag mit Gebeten zurückzurufen![24]

IX

Quid mihi, si fueras miseros laesurus amores,
  foedera per divos, clam violanda, dabas?
Ah!   Miser, etsi quis primo periuria celat,
  sera tamen tacitis Poena venit pedibus.
Parcite, caelestes: Aequum est impune licere   5
  numina formosis laedere vestra semel.
Lucra petens habili tauros adiungit aratro
  et durum terrae rusticus urget opus,
lucra petituras freta per parentia ventis
  ducunt instabiles sidera certa rates.   10
Muneribus meus est captus puer: At deus illa
  in cinerem et liquidas munera vertat aquas.
Iam mihi persolvet poenas, pulvisque decorem
  detrahet et ventis horrida facta coma,
uretur facies, urentur sole capilli,   15
  deteret invalidos et via longa pedes.
Admonui quotiens 'auro ne pollue formam.
  Saepe solent auro multa subesse mala.
Divitiis captus si quis violavit amorem,
  asperaque est illi difficilisque Venus.   20
Ure meum potius flamma caput et pete ferro
  corpus et intorto verbere terga seca!

9

Warum gabst du mir, wenn du doch die Gefühle meiner un-
glücklichen Liebe zu verletzen gedachtest, bei den Göttern
deine Treueversprechen, die dann heimlich gebrochen werden mussten? Wehe! Auch wenn ein elender Mensch zunächst seine Meineide verhehlt, so ereilt ihn dennoch mit
lautlosen Schritten seine späte Bestrafung.

[5] Doch schont ihn, ihr Himmlischen: Es ist recht, dass es
den Schönen ungestraft erlaubt sei, eure Gottheiten das eine
Mal zu verletzen.

Da der Bauer nach reichlich Gewinn strebt, bindet er seine
Stiere an den handlichen Pflug und betreibt eifrig das harte
Geschäft mit seinem Land; [10] die in den festen Bahnen einher-
gehenden Gestirne führen schwankende Schiffe, die nach
großem Gewinn streben wollen, über die den Winden gehor-
chenden Meere hinweg. Mit Geschenken ist mein Junge eingefangen worden: Doch soll ein Gott jene Geschenke in
Asche und klares Wasser verwandeln.

Bald wird er mir seine Strafen entrichten, denn der Staub
der Straße und sein von den Winden schrecklich zugerichte-
tes Haar werden seine Schönheit schmälern, [15] sein Gesicht, seine Haare werden von der Sonne verbrannt werden,
und ein langer Marsch wird seine geschwächten Füße wund
machen.

Wie oft habe ich ihn gewarnt: »Entweihe deine schöne Gestalt nicht mit Goldwerk. Oft pflegen sich hinter Gold vie-
lerlei Übel zu verbergen. Wenn jemand, da er vom Reichtum
gefangen ist, seine Liebe verletzt hat, [20] dann zeigt sich Venus[1] jenem als hart und unnachgiebig. Brenne lieber mit der
Flamme mein Haupt, stoß mit dem Schwert nach meinem
Körper, zerschneide mit geschwungener Peitsche meinen
Rücken!

Nec tibi celandi spes sit peccare paranti:
　　Sit deus, occultos qui vetat esse dolos.
Ipse deus tacito permisit leve ministro　　　　　　　　25
　　ederet ut multo libera verba mero.
Ipse deus somno domitos emittere vocem
　　iussit et invitos facta tegenda loqui.'
Haec ego dicebam: Nunc me flevisse loquentem,
　　nunc pudet ad teneros procubuisse pedes.　　　　　30
Tunc mihi iurabas nullo te divitis auri
　　pondere, non gemmis vendere velle fidem,
non tibi si pretium Campania terra daretur,
　　non tibi si Bacchi cura Falernus ager.
Illis eriperet verbis mihi sidera caeli　　　　　　　35
　　lucere et puras fluminis esse vias.
Quin etiam flebas: At non ego fallere doctus
　　tergebam humentes credulus usque genas.
Quid faciam, nisi et ipse fores in amore puellae?
　　Sic precor exemplo sit levis illa tuo.　　　　　40
O quotiens, verbis ne quisquam conscius esset,
　　ipse comes multa lumina nocte tuli!
Saepe insperanti venit tibi munere nostro
　　et latuit clausas post adoperta fores.
Tum miser interii, stulte confisus amari:　　　　　45
　　Nam poteram ad laqueos cautior esse tuos.

Aber es soll für dich keine Aussicht auf Verhehlen geben, wenn du dich anschickst, einen Fehltritt zu begehen: Dann soll der Gott[2] da sein, der es verbietet, dass deine Listen im Verborgenen bleiben. [25] Ebendieser Gott erlaubte dem verschwiegenen Diener leichtsinniges Betragen, sodass er aufgrund vielen Weines freimütige Worte von sich gab. Ebendieser Gott befahl den vom Schlaf Gezähmten, ihre Stimme zu erheben und gegen ihren Willen Taten, die hätten verheimlicht werden müssen, auszusprechen.«

Diese Worte äußerte ich: Nun beschämt es mich, dass ich geweint habe, als ich sprach, [30] und dass ich mich zu deinen zarten Füßen niedergeworfen habe. Damals schworst du mir, dass du für keine Menge kostbaren Goldes, nicht für Edelsteine deine Treue verkaufen wollest, dass es dich nicht kümmere, wenn dir als Belohnung ein Stück campanisches Land,[3] nicht, wenn dir ein dem Bacchus[4] geweihter falernischer Acker[5] gewährt werden sollte. [35] Mit jenen Worten hättest du es mir ausreden können, dass die Sterne des Himmels leuchteten und die Flussläufe rein seien. Ja, du weintest sogar: Aber ich, der ich es nicht gelernt habe zu täuschen, trocknete gutgläubig in einem fort deine feuchten Wangen.

Was könnte ich tun, es sei denn, du selbst stündest auch in einer Liebesbeziehung zu einem Mädchen? [40] So sei jene – dies erbitte ich flehentlich – nach deinem Beispiel treulos. Ach, wie oft habe ich selbst, damit niemand eurer Worte Mitwisser sei, als dein Gefährte in tiefer Nacht Lichter getragen! Oft kam sie, als du dies nicht erhofftest, aufgrund meines Wirkens zu dir und blieb verhüllten Hauptes hinter verschlossener Flügeltür verborgen, da sie sich hinter den Türen verborgen hatte.

[45] Damals ging ich Unglücklicher zugrunde, der ich voller Torheit darauf vertraute, geliebt zu werden: Denn ich hätte nahe bei deinen Fallstricken vorsichtiger sein können. Ja, ich dichtete sogar mit betäubtem Geist Loblieder auf dich,

Quin etiam attonita laudes tibi mente canebam,
   et me nunc nostri Pieridumque pudet.
Illa velim rapida Vulcanus carmina flamma
   torreat et liquida deleat amnis aqua.   50
Tu procul hinc absis, cui formam vendere cura est
   et pretium plena grande referre manu.
At te, qui puerum donis corrumpere es ausus,
   rideat assiduis uxor inulta dolis,
et cum furtivo iuvenem lassaverit usu,   55
   tecum interposita languida veste cubet.
Semper sint externa tuo vestigia lecto
   et pateat cupidis semper aperta domus:
Nec lasciva soror dicatur plura bibisse
   pocula vel plures emeruisse viros.   60
Illam saepe ferunt convivia ducere Baccho,
   dum rota Luciferi provocet orta diem:
Illa nulla queat melius consumere noctem
   aut operum varias disposuisse vices.
At tua perdidicit: Nec tu, stultissime, sentis,   65
   cum tibi non solita corpus ab arte movet.
Tune putas illam pro te disponere crines
   aut tenues denso pectere dente comas?
Ista haec persuadet facies, auroque lacertos
   vinciat et Tyrio prodeat apta sinu?   70
Non tibi sed iuveni cuidam vult bella videri,
   devoveat pro quo remque domumque tuam.
Nec facit haec vitio, sed corpora foeda podagra
   et senis amplexus culta puella fugit.

doch jetzt schäme ich mich meiner und der Pieriden.[6] Ich wollte, Vulcanus[7] verbrennte mit verzehrender Flamme jene Gedichte [50] und ein Strom tilgte sie mit seinem durchsichtigen Wasser.

Du sei weit fort von hier, dem daran gelegen ist, seine schöne Gestalt zu verkaufen und mit gefüllter Hand einen stattlichen Preis davonzutragen.

Dich aber, der du es gewagt hast, den Jungen mit Geschenken zu verführen, soll deine Gattin mit unermüdlichen Betrügereien straflos verlachen, [55] und wenn sie in heimlichem Verkehr einen Jüngling müde gemacht hat, dann soll sie, wenn sie ihr Gewand zwischen euch gebracht hat, gleichgültig bei dir schlafen. Immer sollen die Spuren auf deinem Bett fremde sein, und den Begierigen soll dein Haus immer weit offen stehen: Nicht einmal deiner ausschweifenden Schwester soll nachgesagt werden, sie habe mehr [60] Becher gelehrt oder mehr Männer verbraucht. Von jener heißt es, dass sie die Gastmähler mit Hilfe von Bacchus oft in die Länge ziehe, bis der Wagen Lucifers[8] emporfahre und das Tageslicht hervorrufe: Keine vermag es wohl besser als jene, die Nacht auszukosten oder verschiedene Stellungen bei den Liebeswerken anzuordnen. [65] Deine Frau von uns hat sie gründlich erlernt: Und du, in deiner grenzenlosen Torheit, merkst es nicht, wenn jene ihren Körper mit dir ungewohnter Geschicklichkeit in Bewegung bringt. Glaubst du, dass jene für dich ihre Haare ordnet oder ihre zarten Locken mit einem dicht bezahnten Kamm glatt streicht? Dieses Gesicht überredet sie dazu, dass sie ihre Arme mit Goldreifen [70] umgibt und, mit einem Gewand aus tyrischem Stoff[9] angetan, auftritt? Nicht dir, sondern einem gewissen Jüngling möchte sie schön erscheinen, für den sie dein Vermögen und dein Haus opfern würde. Und sie tut das nicht infolge eines Fehlverhaltens, vielmehr flieht ein gepflegtes Mädchen die von Gicht hässlichen Körper und die Umarmungen eines Greises.

Huic tamen accubuit noster puer: Hunc ego credam   75
  cum trucibus Venerem iungere posse feris.
Blanditiasne meas aliis tu vendere es ausus,
  tune aliis demens oscula ferre mea?
Tunc flebis, cum me vinctum puer alter habebit
  et geret in regno regna superba tuo.   80
At tua dum me poena iuvet Venerique merenti
  fixa notet casus aurea palma meos,
hanc tibi fallaci resolutus amore Tibullus
  dedicat et grata sis, dea, mente rogat.

                              X

Quis fuit, horrendos primus qui protulit enses?
  Quam ferus et vere ferreus ille fuit!
Tum caedes hominum generi, tum proelia nata,
  tum brevior dirae mortis aperta via est.
An nihil ille miser meruit, nos ad mala nostra   5
  vertimus, in saevas quod dedit ille feras?
Divitis hoc vitium est auri, nec bella fuerunt,
  faginus astabat cum scyphus ante dapes.
Non arces, non vallus erat, somnumque petebat
  securus varias dux gregis inter oves.   10
Tunc mihi vita foret vulgi nec tristia nossem
  arma nec audissem corde micante tubam:
Nunc ad bella trahor, et iam quis forsitan hostis
  haesura in nostro tela gerit latere.

[75] Zu diesem legte sich dennoch mein Junge: Dieser vermag, so möchte ich glauben, auch mit wilden Tieren seine Venus zu verbinden.

Hast du es gewagt, meine Zärtlichkeiten anderen zu verkaufen, anderen im Wahnsinn meine Küsse darzubieten? Dereinst wirst du weinen, wenn mich, gefesselt von ihm, ein anderer Junge besitzen [80] und er in deinem Reich stolze Herrschaftsgebiete befehligen wird. Bis aber deine Bestrafung mich erfreut und bis einer Venus, die meiner würdig ist, ein goldener Palmzweig[10] angeheftet wird, der meine Fehltritte tadelt, widmet dir, Göttin[11], diesen Zweig der von trügerischer Liebe erlöste Tibull und bittet dich, dass du ihm gnädig seiest.

10

Wer war es, der als Erster die schaudervollen Schwerter hervorgebracht hat? Wie grausam und wahrhaft eisern war doch jener! Damals wurden dem Menschengeschlecht Mordtaten, damals wurden ihm Gefechte geboren, damals wurde ihm der kürzere Weg eines furchtbaren Todes eröffnet.

[5] Oder verschuldete etwa jener nichts, und wenden wir das zu unseren eigenen Schrecken, was jener uns gegen die wilden Tiere gab? Dies ist das Verschulden des kostbaren Goldes, denn es gab keine Kriege, als der buchene Trinkbecher vor den Speisen stand. Es gab keine Festungen, keine Verschanzung, und nach Schlaf verlangte es [10] den sorglosen Hirten der Herde inmitten seiner scheckigen Schafe.

Gäbe es doch von damals das Leben der einfachen Leute für mich, und hätte ich nicht die schrecklichen Waffen kennen gelernt und mit zitterndem Herzen die Kriegstrompete gehört: Nun werde ich zu Kriegen geschleppt, und vielleicht trägt schon ein Feind die Waffen, die in meinem Körper stecken bleiben werden.

Sed patrii servate Lares: Aluistis et idem,   15
  cursarem vestros cum tener ante pedes.
Neu pudeat prisco vos esse e stipite factos:
  Sic veteres sedes incoluistis avi.
Tunc melius tenuere fidem, cum paupere cultu
  stabat in exigua ligneus aede deus.   20
Hic placatus erat, seu quis libaverat uvam
  seu dederat sanctae spicea serta comae:
Atque aliquis voti compos liba ipsa ferebat
  postque comes purum filia parva favum.
At nobis aerata, Lares, depellite tela,   25
  hostiaque e plena rustica porcus hara.
Hanc pura cum veste sequar myrtoque canistra
  vincta geram, myrto vinctus et ipse caput.
Sic placeam vobis: Alius sit fortis in armis,
  sternat et adversos Marte favente duces,   30
ut mihi potanti possit sua dicere facta
  miles et in mensa pingere castra mero.
Quis furor est atram bellis accersere mortem?
  Imminet et tacito clam venit illa pede.
Non seges est infra, non vinea culta, sed audax   35
  Cerberus et Stygiae navita puppis aquae:
Illic percussisque genis ustoque capillo
  errat ad obscuros pallida turba lacus.
Quin potius laudandus hic est, quem prole parata
  occupat in parva pigra senecta casa!   40

[15] Doch bewahrt mich, ihr väterlichen Laren[1]: Ihr habt denselben Körper auch aufgezogen, als ich in zartem Alter vor euren Füßen umherlief. Auch dürfte es euch nicht beschämen, nach alter Art aus einem Holzklotz gefertigt worden zu sein: So habt ihr die ehemaligen Behausungen meines Großvaters bewohnt. Damals hielten sie euch besser die Treue, als mit ärmlichem Schmuck [20] der hölzerne Gott im engen Haus stand. Hier war er besänftigt worden, sei es, dass jemand Wein ausgegossen, sei es, dass er ihm einen aus Ähren geflochtenen Kranz[2] auf das geweihte Haar gesetzt hatte: Und war jemand in den Besitz des Gewünschten gekommen, so brachte er eigene Opferkuchen[3] dar und nach seinen Sklaven die kleine Tochter reinen Honig.

[25] Von uns aber wehrt die erzenen Geschosse ab, ihr Laren, wehre du als ländliches Schlachtopfer sie ab, Schwein aus dem gefüllten Stall.[4] Diesem werde ich mit reinem Gewand folgen und ein mit Myrtenzweigen umkränztes Körbchen[5] bringen, mit Myrtenzweigen auch selbst das Haupt bekränzt. So möge ich euch gefallen: Ein anderer soll in seinen Waffen tapfer sein, [30] soll mit der Gunst des Mars[6] auch feindliche Anführer niederstrecken, damit der Soldat mir, der ich sie begierig in mich aufsauge, von seinen Taten erzählen und bei Tisch zum Wein sein Kriegslager ausmalen kann.

Welcher Wahnsinn ist es, den schaurigen Tod mit Kriegen herbeizurufen? Jener steht drohend bevor und kommt heimlich mit lautlosem Schritt herbei. [35] Drunten gibt es kein Saatfeld, keine Pflege des Weinstocks, sondern den furchtlosen Cerberus[7] sowie den Schiffer des Kahns auf stygischem Wasser[8]: Dort irrt mit durchbohrten Augenhöhlen und verbranntem Haar eine bleiche Schar an den finsteren Gewässern umher.

Wie viel mehr ist dieser hier zu loben, dessen sich, nachdem er für seine Nachkommenschaft gesorgt hat, [40] in seiner kleinen Hütte das träge Alter bemächtigt! Er selbst

Ipse suas sectatur oves, ut filius agnos,
    et calidam fesso comparat uxor aquam.
Sic ego sim, liceatque caput candescere canis
    temporis et prisci facta referre senem.
Interea Pax arva colat.   Pax candida primum   45
    duxit araturos sub iuga curva boves,
pax aluit vites et sucos condidit uvae,
    funderet ut nato testa paterna merum:
Pace bidens vomerque vigent, at tristia duri
    militis in tenebris occupat arma situs.   50
Rusticus elutoque vehit male sobrius ipso
    uxorem plaustro progeniemque domum.
Sed Veneris tunc bella calent, scissosque capillos
    femina perfractas conqueriturque fores:
Flet teneras subtusa genas, sed victor et ipse   55
    flet sibi dementes tam valuisse manus.
At lascivus Amor rixae mala verba ministrat,
    inter et iratum lentus utrumque sedet.
Ah lapis est ferrumque, suam quicumque puellam
    verberat: E caelo diripit ille deos.   60
Sit satis e membris tenuem perscindere vestem,
    sit satis ornatus dissoluisse comae,
sit lacrimas movisse satis: Quater ille beatus
    quo tenera irato flere puella potest.
Sed manibus qui saevus erit, scutumque sudemque   65
    is gerat et miti sit procul a Venere.
At nobis, Pax alma, veni spicamque teneto,
    perfluat et pomis candidus ante sinus.

begleitet die Schafe wie sein Sohn die Lämmer, und seine
Ehefrau bereitet dem Erschöpften warmes Wasser. So möchte ich leben, und es möge mir vergönnt sein, dass mein Haupt
von weißem Haar erglänze und dass ich als Greis von den
Ereignissen der alten Zeit berichte.

[45] Pax[9] möge inzwischen die Fluren bestellen. Die weißschimmernde Pax führte zum ersten Mal Ochsen, die pflügen sollten, unter die gekrümmten Joche, Pax nährte die
Weinreben und kellerte die Säfte der Traube ein, damit dem
Sohn der väterliche Krug Wein ausschenke: Durch Pax regen
sich Hacke und Pflugschar, doch der schrecklichen Waffen
des hartherzigen [50] Soldaten bemächtigt sich der Rost im
Todesdunkel.

Der Bauer, kaum noch nüchtern, fährt mit eigenem und
gewaschenem Wagen seine Ehefrau und seine Kinder nach
Hause. Dann jedoch glühen die Kämpfe der Venus[10], und die
Frau beklagt ihre zerrauften Haare und eingedrückten Türen: [55] Sie weint, zerschlagen an ihren zarten Wangen, aber
auch ihr Überwinder selbst weint, mit seinen wahnsinnigen
Händen so kräftig gewesen zu sein. Der ungezügelte Amor
aber liefert ihrem Streit schlimme Worte und verweilt lange
zwischen den beiden Wütenden.

Ach, Stein und Eisen ist, wer auch immer sein Mädchen
[60] schlägt: Aus dem Himmel reißt jener die Götter herab. Es
sei genug, das zarte Gewand von ihren Gliedern gänzlich
fortzureißen, es sei genug, den Schmuck ihres Haares aufgelöst zu haben, genug sei es, ihre Tränen erregt zu haben:
Viermal glücklicher ist jener, durch dessen Liebeswut das
zarte Mädchen weinen kann. [65] Wer aber mit seinen Händen
grausam sein will, der soll seinen Schild und seinen Spitzpfahl
mit sich führen, und er sei fern von der milden Venus.

Zu uns aber, gütige Pax, komme, ein Bündel Ähren sollst
du in der Hand halten, und vorher soll der glänzende Bausch
deines Gewandes von Obstfrüchten überfließen.[11]

Liber secundus

I

Quisquis adest, valeat: Fruges lustramus et agros,
  ritus ut a prisco traditus extat avo.
Bacche, veni, dulcisque tuis e cornibus uva
  pendeat, et spicis tempora cinge, Ceres!
Luce sacra requiescat humus, requiescat arator,   5
  et grave suspenso vomere cesset opus.
Solvite vincla iugis: Nunc ad praesepia debent
  plena coronato stare boves capite.
Omnia sint operata deo: Non audeat ulla
  lanificam pensis imposuisse manum.   10
Vos quoque abesse procul iubeo: Discedat ab aris,
  cui tulit hesterna gaudia nocte Venus.
Casta placent superis: Pura cum veste venite
  et manibus puris sumite fontis aquam.
Cernite, fulgentes ut eat sacer agnus ad aras   15
  vinctaque post olea candida turba comas.
Dii patrii, purgamus agros, purgamus agrestes:
  Vos mala de nostris pellite limitibus,
neu seges eludat messem fallacibus herbis,
  neu timeat celeres tardior agna lupos.   20

Zweites Buch

1

Wer auch immer zugegen ist, er möge gesund sein: Die Feldfrüchte und Äcker schreiten wir ab,[1] wie denn der vom altehrwürdigen Ahnen überlieferte Brauch noch fortlebt.

Bacchus[2], komme herbei, die süße Traube soll von deinen
Hörnern herabhängen, und du, Ceres[3], umgib deine Schläfen
mit Ähren!

[5] Im Licht des heiligen Tages soll der Erdboden ausruhen, ausruhen soll der Pflüger, und seine beschwerliche
Arbeit soll, wenn er die Pflugschar weggehängt hat, brach-
liegen.

Bindet die Riemen von den Jochen los: Jetzt sollen die
Ochsen mit bekränztem Schädel bei den gefüllten Krippen
stehen.

Alle Werke für den Gott sollen verrichtet sein: Keine Frau
soll es wagen, [10] eine webende Hand an die ihr zugewogenen Wollstücke zu legen.

Auch euch befehle ich, fern von hier zu sein: Es möge von
den Altären weichen, wem in gestriger Nacht Venus[4] ihre
Freuden bereitete. Unbefleckte Dinge gefallen den himmlischen Göttern: Mit reinem Gewand kommt und schöpft mit
reinen Händen das Wasser der Quelle!

[15] Seht, wie ein heiliges Lamm zu den schimmernden Altären geht und dahinter eine glänzendweiße Schar, die Haare
mit Zweigen des Olivenbaums umwunden![5]

Ihr väterlichen Götter, wir reinigen die Äcker, wir reinigen
die Landleute: Vertreibt ihr die Übel von unseren Grenzen,
und weder soll das Saatfeld die Ernte mit täuschenden Grä-
sern verspotten, [20] noch soll das allzu träge Schaflamm die
schnell laufenden Wölfe fürchten.

Tunc nitidus plenis confisus rusticus areis
 ingerat ardenti grandia ligna foco,
turbaque vernarum, saturi bona signa coloni,
 ludet et ex virgis exstruet ante casas.
Eventura precor: Viden ut felicibus extis   25
 significet placidos nuntia fibra deos?
Nunc mihi fumosos veteris proferte Falernos
 consulis et Chio solvite vincla cado.
Vina diem celebrent: Non festa luce madere
 est rubor, errantes et male ferre pedes.   30
Sed 'bene Messallam' sua quisque ad pocula dicat,
 nomen et absentis singula verba sonent.
Gentis Aquitanae celeber Messalla triumphis
 et magna intonsis gloria, victor ades,
huc ades aspiraque mihi, dum carmine nostro   35
 redditur agricolis gratia caelitibus.
Rura cano rurisque deos.   His vita magistris
 desuevit querna pellere glande famem:
Illi compositis primum docuere tigillis
 exiguam viridi fronde operire domum,   40
illi etiam tauros primi docuisse feruntur
 servitium et plaustro supposuisse rotam.
Tunc victus abiere feri, tunc consita pomus,
 tunc bibit irriguas fertilis hortus aquas,
antea tunc pressos pedibus dedit uva liquores   45
 mixtaque securo est sobria lympha mero.

Dann soll der sauber gekleidete Bauer im Vertrauen auf reichlich tragende Äcker große Holzscheite dem brennenden Ofen zuführen, und die Schar der Haussklaven, vortreffliche Wahrzeichen des reichen Landwirtes, wird ihre Spiele treiben und zuvor aus Stöcken kleine Häuschen aufrichten.[6]

[25] Ereignisse, die eintreten werden, erbitte ich: Siehst du, wie die Leber mit ihren Glück verheißenden Eingeweiden als Verkünderin besänftigte Götter anzeigt?[7]

Nun holt mir die rauchigen Falerner des alten Konsuls[8] hervor und löst die Verschlüsse vom Krug mit Chierwein![9] Weine sollen diesen Tag feiern: [30] Es ist eine Schande, an einem Festtag nicht betrunken zu sein und die unsicheren Füße nicht schlecht zu führen. Vielmehr soll ein jeder bei seinen Bechern ein »Auf dein Wohl, Messalla«[10] aussprechen, und die einzelnen Reden sollen vom Namen des Abwesenden erklingen.

Messalla, berühmt durch seine Triumphe über das aquitanische Volk[11] und Gegenstand großen Ruhmes bei den Bärtigen, komme als Sieger, [35] komme hierher und begünstige mich, während mit unserem Lied den ländlichen Gottheiten Dank abgestattet wird. Die Felder besinge ich und die Feldgötter.

Mit ihnen als Lehrmeistern gewöhnte es sich menschliches Leben ab, mit der Kernfrucht der Eiche den Hunger zu vertreiben: Jene lehrten das erste Mal, Balken zusammenzusetzen [40] und das enge Haus mit grünem Laub zu bedecken, jene lehrten auch die Stiere als Erste, so wird überliefert, ihre Knechtschaft und setzten das Rad unter den Wagen. Damals verschwanden die wilden Lebensweisen, damals wurde der Obstbaum angepflanzt, damals trank der fruchtbare Garten aus bewässernden Leitungen, [45] damals gab die vorher von Füßen ausgepresste Traube Säfte von sich, und gemischt wurde nüchternes Wasser mit sorgenstillendem Wein.

Rura ferunt messes, calidi cum sideris aestu
  deponit flavas annua terra comas.
Rure levis verno flores apis ingerat alveo,
  compleat et dulci sedula melle favos.   50
Agricola assiduo primum satiatus aratro
  cantavit certo rustica verba pede
et satur arenti primum est modulatus avena
  carmen, ut ornatos duceret ante deos,
agricola et minio suffusus, Bacche, rubenti   55
  primus inexperta duxit ab arte choros.
Huic datus a pleno memorabile munus, ovili
  dux pecoris hircus: Auxerat hircus oves.
Rure puer verno primum de flore coronam
  fecit et antiquis imposuit Laribus.   60
Rure etiam teneris curam exhibitura puellis
  molle gerit tergo lucida vellus ovis.
Hinc et femineus labor est, hinc pensa colusque,
  fusus et apposito pollice versat opus,
atque aliqua assidue textrix operata Minervae   65
  cantat et appulso tela sonat latere.
Ipse quoque inter agros interque armenta Cupido
  natus et indomitas dicitur inter equas:
Illic indocto primum se exercuit arcu:
  Ei mihi, quam doctas nunc habet ille manus!   70
Nec pecudes, velut ante, petit: Fixisse puellas
  gestit et audaces perdomuisse viros.

Die Felder bringen Ernten ein, wenn mit dem Brennen des heißen Gestirns[12] die Erde jährlich wiederkehrend ihre goldgelben Getreidegräser ablegt. Vom Feld weg möge die flüchtige Biene im Frühling Blütenstaub in den Bienenkorb tragen, [50] und mit süßem Honig möge sie emsig die Waben anfüllen.

Der Bauer, des beständigen Pflügens überdrüssig, sang das erste Mal ländliche Worte in gleichmäßigem Takt, gesättigt spielte er auf einem dürren Halm das erste Mal ein melodisches Lied, um es vor den geschmückten Göttern aufzuführen, [55] und der mit rötlicher Mennige[13] überzogene Bauer, Bacchus, führte als Erster nach einer unerprobten Kunst Reigentänze an. Diesem wurde vom vollen Schafstall – eine denkwürdige Gabe – das Leittier des Kleinviehs, ein Ziegenbock, geschenkt: Seine Schafe hatte der Ziegenbock vermehrt.

Auf dem Feld flocht der Knabe das erste Mal aus einer Frühlingsblume einen Kranz [60] und setzte ihn den altehrwürdigen Laren[14] auf. Auf dem Feld auch, dazu bestimmt, den zarten Mädchen Mühe zu bereiten, trägt das leuchtend helle Schaf weiche Wolle auf dem Rücken. Von hierher stammt auch die Beschäftigung der Frau, von hierher stammen Wollarbeiten und Wollfaden, verrichtet die Spindel bei angelegtem Daumen drehend ihr Werk, [65] singt irgendeine Weberin, die fleißig das Werk der Minerva[15] besorgt hat, und tönt das Weberschiffchen, wenn von ihm ein Ziegelsteinchen angestoßen wurde.[16]

Auch Cupido[17] selbst wurde, wie es heißt, inmitten von Äckern und Viehherden geboren und zwischen ungezähmten Stuten: Dort übte er sich das erste Mal mit seinem ungeschickten Bogen: [70] Wehe mir, welch kundige Hände jener nun besitzt! Und nicht Weidevieh, wie zuvor, greift er an: Mädchen zu treffen, verlangt es ihn heftig, und kühne Männer völlig zu zähmen. Dieser entzog dem jungen Mann seine

Hic iuveni detraxit opus, hic dicere iussit
    limen ad iratae verba pudenda senem:
Hoc duce custodes furtim transgressa iacentes   75
    ad iuvenem tenebris sola puella venit
et pedibus praetentat iter suspensa timore,
    explorat caecas cui manus ante vias.
Ah miseri, quos hic graviter deus urget!   At ille
    felix, cui placidus leniter afflat Amor.   80
Sancte, veni dapibus festis, sed pone sagittas
    et procul ardentes hinc precor abde faces!
Vos celebrem cantate deum pecorique vocate
    voce: Palam pecori, clam sibi quisque vocet.
Aut etiam sibi quisque palam: Nam turba iocosa   85
    obstrepit et Phrygio tibia curva sono.
Ludite: Iam Nox iungit equos, currumque sequuntur
    matris lascivo sidera fulva choro,
postque venit tacitus fulvis circumdatus alis
    Somnus et incerto Somnia nigra pede.   90

II

Dicamus bona verba: Venit Natalis ad aras:
    Quisquis ades, lingua, vir mulierque, fave.
Urantur pia tura focis, urantur odores
    quos tener e terra divite mittit Arabs.
Ipse suos adsit Genius visurus honores,   5
    cui decorent sanctas mollia serta comas.

Arbeit, dieser befahl, dass der Greis bei der Schwelle einer
Erzürnten schändliche Worte spreche: [75] Mit diesem als
Wegweiser gelangt das Mädchen, wenn es verstohlen an den
daniederliegenden Wachen vorbeigeschlichen ist, in der
Dunkelheit allein zu ihrem Jüngling und tastet mit den Füßen, gespannt vor Angst, vorwärts nach dem Weg, wobei ihr
die Hand vorher die lichtlosen Wege erforscht.

Ach, die Elenden, denen dieser Gott schwer zusetzt! Dagegen jener [80] Glückliche, den der friedliche Amor sanft
anhaucht. Erhabener, komm bei festlichen Opfermählern,
aber lege deine Pfeile ab und verbirg deine brennenden
Fackeln,[18] ich bitte dich, weit von hier!

Ihr, besingt den häufig gefeierten Gott und ruft ihn für das
Vieh mit lauter Stimme herbei: Öffentlich für das Vieh, ins-
geheim für sich selbst soll ein jeder ihn herbeirufen. [85] Oder
für sich selbst ein jeder auch öffentlich: Schon tönen mir die
scherzende Menge und die gekrümmte Flöte mit phrygi-
schem Ton[19] entgegen. Tanzt: Schon spannt die Nacht ihre
Pferde ins Joch, dem Wagen der Mutter folgen in ausschwei-
fendem Reigen die funkelnden Sterne, und später kommen
dann der schweigende, von schimmernden Schwingen[20]
umgebene [90] Schlaf und auf unsicherem Fuß unheilvolle
Träume.

2

Lasst uns Glück bringende Worte sprechen: Der Geburtsgott[1] kommt zu seinem Altar. Als wer auch immer du anwesend bist, als Mann und Frau, sei andächtig mit schweigender
Zunge. Verbrennen sollen gottgefällige Weihrauchkörner[2]
auf den Herden, verbrennen sollen Räucherwerke, die der
zarte Araber aus seinem reichen Land schickt.[3]

[5] Der Genius selbst sei zugegen, um seine Ehrengaben zu
sehen, und ihm sollen weiche Blumengewinde die geweihten

Illius puro destillent tempora nardo
    atque satur libo sit madeatque mero,
annuat et, Cornute, tibi, quodcumque rogabis.
    En age, quid cessas?   Annuet ille: Roga!   10
Auguror, uxoris fidos optabis amores:
    Iam reor hoc ipsos edidicisse deos.
Nec tibi malueris, totum quaecumque per orbem
    fortis arat valido rusticus arva bove,
nec tibi, gemmarum quidquid felicibus undis   15
    nascitur, Eoi qua maris unda rubet.
Vota cadunt.   Utinam strepitantibus advolet alis
    flavaque coniugio vincula portet Amor,
vinculaque et maneant semper, dum tarda senectus
    inducat rugas inficiatque comas.   20
Hic veniat Natalis, avis prolemque ministret,
    ludat et ante tuos turba novella pedes.

III

Rura meam, Cornute, tenent villaeque puellam:
    ferreus est, heu heu, quisquis in urbe manet.
ipsa Venus latos iam nunc migravit in agros,
    verbaque aratoris rustica discit Amor.
O ego, dum aspicerem dominam, quam fortiter illic   5
    versarem valido pingue bidente solum
agricolaeque modo curvum sectarer aratrum,
    dum subigunt steriles arva serenda boves!

Haare schmücken, seine Schläfen sollen von reinem Narden-
öl[4] triefen, von Opferkuchen[5] soll er gesättigt sein und vom
Wein überströmen, und er soll, Cornutus,[6] dir zunickend gewähren, was auch immer du bittend verlangen wirst.

[10] Vorwärts also, was zögerst du? Jener wird es zunickend gewähren: Äußere nur dein Verlangen! Ich weissage,
du wirst dir treue Liebesgefühle deiner Gattin wünschen: Ich
glaube, dass dies die Götter selbst schon wissen. Und du
dürftest für dich nicht lieber wollen, welche Fluren auch immer über den ganzen Erdkreis hinweg der tüchtige Bauer mit
seinem kräftigen Ochsen pflügt, [15] auch nicht, was immer
an Perlen von fruchtbaren Wogen geboren wird, wo die
Welle des östlichen Meeres rötlich erglänzt.[7]

Deine Wünsche gehen in Erfüllung. Möge Amor mit rau-
schenden Flügeln[8] herbeifliegen und goldgelbe Fesseln[9] für
euer Bündnis mit sich bringen, und die Fesseln mögen auch
für immer bestehen, bis das träge Alter [20] Falten annimmt
und die Haare weiß färbt.

Dieser Geburtsgott möge kommen und den Großeltern
Nachkommenschaft schenken, und eine junge Schar möge
vor deinen Füßen spielen.

3

Die Felder, Cornutus,[1] und Landhäuser halten mein Mädchen fest: Eisern ist da, ach, ach, wer nur immer in der Stadt
bleibt. Venus[2] selbst ist nun bereits in die weiten Felder aus-
gezogen, und Amor lernt die bäuerischen Worte des Pflü-
gers.

[5] Ach, wenn ich doch nur die Herrin anschauen könnte,
wie tapfer würde ich dort den fruchtbaren Erdboden mit
dem kräftigen Karst umwenden und nach Art des Bauern
dem gekrümmten Pflug nachlaufen, während die unfrucht-

Nec quererer, quod sol graciles exureret artus,
    laederet et teneras pustula rupta manus.   10
Pavit et Admeti tauros formosus Apollo,
    nec cithara intonsae profueruntve comae,
nec potuit curas sanare salubribus herbis:
    Quidquid erat medicae vicerat artis amor.
Ipse deus solitus stabulis expellere vaccas   15
    creditur ad mulctram constituisse prius
et miscere novo docuisse coagula lacte,
    lacteus et mixtus obriguisse liquor.
Tunc fiscella levi detexta est vimine iunci,
    raraque per nexus est via facta sero.   20
O quotiens illo vitulum gestante per agros
    dicitur occurrens erubuisse soror!
O quotiens ausae, caneret dum valle sub alta,
    rumpere mugitu carmina docta boves!
Saepe duces trepidis petiere oracula rebus,   25
    venit et a templis irrita turba domum:
Saepe horrere sacros doluit Latona capillos,
    quos admirata est ipsa noverca prius.
Quisquis inornatumque caput crinesque solutos
    aspiceret, Phoebi quaereret ille comam.
Delos ubi nunc, Phoebe, tua est, ubi Delphica Pytho?   30
    Nempe Amor in parva te iubet esse casa.
Felices olim, Veneri cum fertur aperte
    servire aeternos non puduisse deos.

baren Ochsen die zu bestellenden Fluren bezwingen! Ich
würde auch nicht klagen, dass die Sonne meine schmächtigen
Glieder völlig verbrenne [10] und eine aufgeplatzte Blase
meine zarten Hände verletze.

Es weidete auch für Admet[3] die Stiere der wohlgestalte
Apoll,[4] und es nützten ihm weder seine Leier noch die ungeschorenen Haare,[5] noch konnte er seine Kümmernisse mit
heilenden Kräutern stillen: Was auch immer in der Macht der
Heilkunst stand, das hatte seine Liebe besiegt.

[15] Der Gott selbst, gewohnt, die Kühe aus den Ställen zu
treiben, habe sie, so glaubt man, vorher an den Melkkübel
gestellt und sie gelehrt, geronnene Teile mit frischer Milch zu
vermischen, und die milchige Flüssigkeit sei in dieser Mischung erstarrt. Dann wurde ein kleines Körbchen aus dem
biegsamen Geflecht der Binse geflochten, [20] und vereinzelt
wurde durch die Windungen hindurch ein Weg für die Mol-
ke geschaffen.[6]

Ach, wie oft sei, als jener ein Füllen über die Äcker trug,
die Schwester[7], wie es heißt, errötet, wenn sie ihm begegnete!
Ach, wie oft hätten die Rinder, als er unten im tiefen Tal sang,
es gewagt, mit ihrem Gebrüll die kundigen Lieder zu unter-
brechen! [25] Oft suchten die Anführer bei beunruhigenden
Anlässen seine Orakelstätten auf, doch kam die Schar mit
unerfüllten Wünschen aus den Tempeln nach Hause: Oft
empfand Latona[8] Schmerz darüber, dass seine geweihten
Haare, die selbst die Stiefmutter[9] früher bewunderte, vor
Schmutz starrten. Wer auch immer sein ungeschmücktes
Haupt und seine aufgelösten Haare [30] ansah, jener hätte die
Mähne des Phoebus[10] vermissen können.

Wo ist jetzt dein Delos, Phoebus, wo das delphische Pytho?[11] Offenbar befiehlt dir die Liebe, in einer kleinen Hütte
zu leben. Die Glücklichen einst, als der Venus, so wird überliefert, offen zu dienen die unsterblichen Götter sich nicht
schämten. [35] Stadtgespräch ist jener nun: Aber wem sein

Fabula nunc ille est: Sed cui sua cura puella est,   35
    fabula sit mavult quam sine amore deus.
At tu, quisquis is est, cui tristi fronte Cupido
    imperat ut nostra sint tua castra domo,
ferrea non Venerem, sed praedam saecula laudant:
    Praeda tamen multis est operata malis.   40
Praeda feras acies cinxit discordibus armis:
    Hinc cruor, hinc caedes mors propiorque venit.
Praeda vago iussit geminare pericula ponto,
    bellica cum dubiis rostra dedit ratibus.
Praedator cupit immensos obsidere campos,   45
    ut multa innumera iugera pascat ove:
Cui lapis externus curae est urbisque tumultu
    portatur validis mille columna iugis,
claudit et indomitum moles mare, lentus ut intra
    neglegat hibernas piscis adesse minas.   50
At tibi laeta trahant Samiae convivia testae
    fictaque Cumana lubrica terra rota.
Heu heu, divitibus video gaudere puellas:
    Iam veniant praedae, si Venus optat opes:
Ut mea luxuria Nemesis fluat utque per urbem   55
    incedat donis conspicienda meis.
Illa gerit vestes tenues, quas femina Coa
    texuit, auratas disposuitque vias:
Illi sint comites fusci, quos India torret
    Solis et admotis inficit ignis equis: 60
Illi selectos certent praebere colores
    Africa puniceum purpureumque Tyros.

Mädchen am Herzen liegt, der will lieber, dass er Stadtgespräch, als dass er ein Gott ohne Liebe sei.

Aber du, wer auch immer derjenige ist, dem Cupido[12] mit
finsterer Miene befiehlt, dass dein Lager in unserem Haus
stehe: Eiserne Zeitalter[13] preisen nicht Venus, sondern das
Beutemachen. [40] Beute ist jedoch durch viele Untaten er-
rungen worden. Beute umzingelte wilde Schlachtreihen mit
zwieträchtigen Waffen: Von hierher kommt das Blutvergie-
ßen, von hierher kommen Ermordung und allzu naher Tod.
Beute befahl es, auf dem unbeständigen Meer die Gefahren
zu verdoppeln, indem sie den unschlüssigen Schiffen krie-
gerische Buge gab. [45] Der Beutemacher begehrt, uner-
messliche Gefilde in seinen Besitz zu bringen, um viele
Morgen Landes[14] mit unzähligem Schafsvieh abzuweiden;
sein Interesse gilt fremdländischem Stein[15], für ihn wird im
Gewühl der Stadt eine Säule von tausend kräftigen Gespannen transportiert,[16] und für ihn umschließt eine Mole das
unbändige Meer, sodass drinnen der träge [50] Fisch es ver-
nachlässigen kann, dass die winterlichen Bedrohungen be-
vorstehen.[17]

Dir aber sollen samische Weinkrüge und auf cumanischer
Töpferscheibe[18] glatt geformte, irdene Gefäße fröhliche
Gastmäler in die Länge ziehen.

Ach, ach, ich begreife, dass sich Mädchen am Reichtum
erfreuen: Nunmehr sollen Beutestücke zum Vorschein kommen, wenn Venus Vermögen wünscht, [55] damit meine Nemesis[19] im Genuss schwelge und durch die Stadt schreite,
sehenswert aufgrund meiner Geschenke. Jene trägt feine
Gewänder, welche die koische Frau[20] gewoben und mit ver-
goldeten Streifen versehen hat: Jener sollen dunkelhäutige
Begleiter gehören, welche Indien versengt [60] und die Glut
der Sonne mit Schwärze überzieht,[21] wenn sie ihre Pferde hat
anrücken lassen. Für jene sollen darum streiten, ihr ausge-
wählte Farben anzubieten: Afrika das punische Rot und

Nota loquor: Regnum iste tenet, quem saepe coegit
　　barbara gypsatos ferre catasta pedes.
At tibi dura seges, Nemesim qui abducis ab urbe,　　　65
　　persolvat nulla semina terra fide.
Et tu, Bacche tener, iucundae consitor uvae,
　　tu quoque devotos, Bacche, relinque lacus.
Haud impune licet formosas tristibus agris
　　abdere: Non tanti sunt tua musta, pater!　　　70
O valeant fruges, ne sint modo rure puellae:
　　Glans alat, et prisco more bibantur aquae.
Glans aluit veteres, et passim semper amarunt:
　　Quid nocuit sulcos non habuisse satos?
Tunc, quibus aspirabat Amor, praebebat aperte　　　75
　　mitis in umbrosa gaudia valle Venus.
Nullus erat custos, nulla exclusura dolentes
　　ianua. Si fas est, mos precor ille redi!
O utinam veteri peragrantes more puellae
　　horrida villosa corpora veste tegant!　　　80
Nunc si clausa mea est, si copia rara videndi,
　　heu miserum, laxam quid iuvat esse togam?
Ducite: Ad imperium dominae sulcabimus agros!
　　Non ego me vinclis verberibusque nego.

Tyros das purpurne.[22] Von bekannten Dingen spreche ich:
Dieser besitzt die Herrschaft, den oft das ausländische
Schaugerüst zwang, geweißte Füße herumzuführen.[23]

[65] Dir aber, der du Nemesis von der Stadt fortführst, soll
das hartherzige Saatfeld, soll die Erde ohne Zuverlässigkeit
die Saatkörner entrichten. Und du, jugendlicher Bacchus[24],
Pflanzer der ergötzenden Traube, auch du, Bacchus, lass deine unseligen Weinkufen im Stich! Nicht ungestraft ist es erlaubt, schöne Mädchen auf traurigen Ländereien [70] zu verbergen: So viel sind deine jungen Weine nicht wert, Vater!

Ach, die Feldfrüchte sollen sich fortscheren, damit nur die
Mädchen nicht auf dem Land sind: Die Eichel soll ernähren,
und nach alter Sitte soll aus Wasserquellen getrunken werden. Die Eichel ernährte die Alten, und weit und breit haben
sie sie immer geliebt: Was schadete es, keine besäten Ackerfurchen zu besitzen? [75] Welche Amor begünstigte, denen
bot damals die sanfte Venus offen ihre Freuden in schattigem
Tal an. Es gab keinen Wächter, keine Türe, willens, Weh-
mütige auszuschließen. Wenn es möglich ist, so bitte ich:
Jener Brauch, kehre wieder!

Ach, wenn doch die Mädchen, während sie die Felder
durchstreifen, nach alter Sitte [80] ihre schmucklosen Körper
mit rauem Kleid bedeckten! Wenn nun aber die Meine weg-
geschlossen ist, wenn es nur selten die Möglichkeit gibt, sie
zu sehen, ach, ich Armseliger, was erfreut es dann, dass die
Toga[25] mich zwanglos kleidet? Geht voran: Auf Befehl der
Herrin werden wir die Äcker durchpflügen. Nicht entziehe
ich mich Fesseln und Schlägen.

IV

Sic mihi servitium video dominamque paratam:
    Iam mihi, libertas illa paterve, vale!
Servitium sed triste datur, teneorque catenis,
    et numquam misero vincla remittet Amor,
et seu quid merui seu quid peccavimus, urit.   5
    Uror io: Remove, saeva puella, faces.
O ego ne possim tales sentire dolores,
    quam mallem in gelidis montibus esse lapis,
stare vel insanis cautes obnoxia ventis,
    naufraga quam vasti tunderet unda maris!   10
Nunc et amara dies et noctis amarior umbra est:
    Omnia nam tristi tempora felle madent.
Nec prosunt elegi nec carminis auctor Apollo:
    Illa cava pretium flagitat usque manu.
Ite procul, Musae, si non prodestis amanti: 15
    Non ego vos, ut sint bella canenda, colo,
nec refero solisque vias aequalis. Ubi orbem
    complevit, versis Luna recurrit equis.
Ad dominam faciles aditus per carmina quaero:
    Ite procul, Musae, si nihil ista valent.   20
At mihi per caedem et facinus sunt dona paranda,
    ne iaceam clausam flebilis ante domum
aut rapiam suspensa sacris insignia fanis.
    Sed Venus ante alios est violanda mihi:
Illa malum facinus suadet dominamque rapacem   25
    dat mihi. Sacrilegas sentiat illa manus.

4

So erblicke ich für mich Knechtschaft und eine geübte
Herrin: Nun lebe mir wohl, einstige Freiheit, oder lebe
wohl, Vater!

Doch wird mir eine bittere Knechtschaft übertragen, denn
ich werde von Ketten festgehalten, und niemals wird Amor[1]
mir Armseligem die Fesseln lockern, [5] und sei es, dass ich in
etwas Verdienste erwarb, sei es, dass ich etwas verkehrt
machte, er lässt mich brennen. Ach, ich verbrenne: Entferne,
grausames Mädchen, die Fackeln!

Ach, dass ich doch solche Schmerzen nicht fühlen könnte,
wie würde ich es da lieber wollen, ein Stein auf eisigen Bergen zu sein oder, rasenden Winden ausgesetzt, als Klippe da-
zustehen, [10] die die schiffezerbrechende Woge des weiten
Meeres bestürmt! Jetzt ist der Tag kränkend, und der Schatten der Nacht ist noch kränkender: Denn alle Zeiten sind
übervoll von trauriger Bitterkeit.

Es nützen weder Elegien noch Apollo[2], der Urheber des
Liebesgedichtes: Jene dringt mit hohler Hand unentwegt
auf Geld. [15] Geht weit fort, ihr Musen[3], wenn ihr dem
Liebenden nicht nützt: Ich verehre euch nicht, damit Kriege
besungen werden sollen, auch berichte ich nicht von den
Wegen der gleichförmigen Sonne.[4] Sobald sie ihren Kreis
vollendet hat, kehrt sie, wenn sie ihre Pferde umgewendet
hat, als Mond zurück. Zur Herrin suche ich mit meinen
Gedichten leichte Zugänge: [20] Geht weit fort, ihr Musen,
wenn diese nichts vermögen.

Hingegen muss ich durch Blutbad und Verbrechen Geschenke herbeischaffen, damit ich nicht jammervoll vor ver-
schlossenem Haus liege, oder ich werde in heiligen Tempeln
aufgehängte Schmuckstücke rauben. Doch vor anderen Göttern muss Venus[5] von mir verletzt werden: [25] Jene rät zur
schlimmen Untat und gibt mir eine raffsüchtige Herrin. Jene
soll meine tempelräuberischen Hände zu spüren bekommen.

O pereat, quicumque legit viridesque smaragdos
  et niveam Tyrio murice tingit ovem!
Hic dat avaritiae causas et Coa puellis
  vestis et e rubro lucida concha mari.   30
Haec fecere malas: Hinc clavem ianua sensit
  et coepit custos liminis esse canis.
Sed, pretium si grande feras, custodia victa est,
  nec prohibent claves, et canis ipse tacet.
Heu, quicumque dedit formam caelestis avarae,   35
  quale bonum multis attulit ipse malis!
Hinc fletus rixaeque sonant, haec denique causa
  fecit ut infamis hic deus esset Amor.
At tibi, quae pretio victos excludis amantes,
  eripiant partas ventus et ignis opes: 40
Quin tua tunc iuvenes spectent incendia laeti,
  nec quisquam flammae sedulus addat aquam.
Seu veniat tibi mors, nec erit, qui lugeat, ullus
  nec, qui det maestas munus in exsequias.
At bona quae nec avara fuit, centum licet annos   45
  vixerit, ardentem flebitur ante rogum:
Atque aliquis senior veteres veneratus amores
  annua constructo serta dabit tumulo
et 'bene' discedens dicet 'placideque quiescas,
  terraque securae sit super ossa levis.'   50
Vera quidem moneo, sed prosunt quid mihi vera?
  Illius est nobis lege colendus Amor.
Quin etiam sedes iubeat si vendere avitas,
  ite sub imperium sub titulumque, Lares.

Ach, es möge zugrunde gehen, wer auch immer grünlich schimmernde Smaragde[6] aufliest und schneeweiße Wolle mit tyrischer Purpurfarbe[7] färbt! Diese liefert den Mädchen Gründe für ihre Habgier, ebenso das koische [30] Gewand[8] und die glänzende Perle aus dem Roten Meer[9]. Diese Dinge haben sie zu schlechten Menschen gemacht: Von da an spürte das Tor den Schlüssel, und der Hund begann Wächter der Türschwelle zu sein. Wenn du aber ein beträchtliches Bestechungsgeld mitbringst, ist die Wache besiegt, dich hindern auch keine Schlüssel, und selbst der Hund schweigt.

[35] Ach, welcher Himmlische auch immer der Habgierigen ihre schöne Gestalt gab, welch ein Gut fügte ebendieser ihren vielen Übeln hinzu! Von hier an ertönen Wehklagen und Streitereien, diese Ursache bewirkte es schließlich, dass der Gott Amor hier in üblem Ruf steht.

Aber dir, der du die beim Bestechen überbotenen Liebhaber ausschließt, [40] sollen Wind und Feuer den erworbenen Reichtum entreißen: Ja, sogar die Jünglinge sollen dann froh deinen Bränden zusehen, und es soll niemand der Flamme eifrig Wasser zugeben, oder wenn der Tod zu dir kommen sollte, dann wird niemand da sein, der dich betrauert, und niemand, der einen letzten Liebesdienst für deine traurige Bestattung leistet. [45] Welche aber gut und nicht habgierig war, mag sie auch hundert Jahre gelebt haben, die wird vor dem brennenden Scheiterhaufen beweint werden: Und irgendeiner der Älteren, der die früheren Gefühle der Liebe noch in Ehren hält, wird dem aufgeworfenen Grabhügel jährlich Blumenkränze beigeben und im Fortgehen sagen: »Gut und friedlich mögest du ruhen, [50] und die Erde sei dir, Wohlbehaltener, über deinen Gebeinen leicht.«

Zwar verkünde ich warnend Wahrheiten, doch was nützen mir Wahrheiten? Nach ihrem Gesetz ist Amor von uns zu verehren. Ja, wenn sie sogar befehlen würde, den ererbten Grundbesitz zu verkaufen, dann geratet ihr unter ihre Herrschaft und werdet zum Kauf angeboten, ihr Laren[10].

Quicquid habet Circe, quicquid Medea veneni,   55
    quicquid et herbarum Thessala terra gerit,
et quod, ubi indomitis gregibus Venus afflat amores,
    hippomanes cupidae stillat ab inguine equae,
si modo me placido videat Nemesis mea vultu,
    mille alias herbas misceat illa, bibam.   60

V

Phoebe, fave: Novus ingreditur tua templa sacerdos.
    Huc age cum cithara carminibusque veni!
Nunc te vocales impellere pollice chordas,
    nunc precor ad laudes flectere verba meas.
Ipse triumphali devinctus tempora lauro,   5
    dum cumulant aras, ad tua sacra veni.
Sed nitidus pulcherque veni: Nunc indue vestem
    sepositam, longas nunc bene pecte comas,
qualem te memorant Saturno rege fugato
    victori laudes concinuisse Iovi!   10
Tu procul eventura vides, tibi debitus augur
    scit bene, quid fati provida cantet avis,
tuque regis sortes, per te praesentit aruspex,
    lubrica signavit cum deus exta notis,
te duce Romanos numquam frustrata Sibylla est   15
    abdita, quae senis fata canit pedibus.
Phoebe, sacras Messalinum sine tangere chartas
    vatis, et ipse precor, quos canat illa, doce!

[55] Was auch immer Circe[11], was auch immer Medea[12] an Zaubermitteln besitzen, was auch immer an Kräutern die thessalische Erde[13] trägt und was dort, wo Venus den unge- zähmten Herden die Begierden der Liebe zuhaucht, an Brunstschleim vom Geschlecht der rossigen Stute tropft,[14] wenn meine Nemesis[15] mich nur mit friedlichem Antlitz anschaut, [60] mag sie tausend andere Kräutersäfte mischen, ich werde sie trinken.

5

Phoebus[1], sei gewogen: Ein neuer Priester betritt deine Tem- pel. Auf, komm hierher mit Leier und Gedichten! Dass du jetzt die klingenden Saiten mit dem Daumen anschlägst, darum bitte ich, und dass du jetzt für meine Loblieder die Worte bildest. [5] Selbst mit siegverkündendem Lorbeer[2] die Schläfen umwunden, komm, während man die Altäre hoch belädt, zu deinen Heiligtümern! Doch komm stattlich und schön: Leg jetzt das vorbehaltene Gewand an, kämme jetzt sorgfältig deine langen Haare, wie du, so erinnert man sich, nachdem der König Saturn[3] in die Flucht geschlagen worden war, [10] dem siegreichen Jupiter[4] Loblieder sangst!

Du siehst Dinge, die sich in ferner Zukunft ereignen wer- den, der dir verpflichtete Augur[5] versteht gut, von welchem Schicksal der weissagende Vogel singt und von welchen Ge- schicken des Königs du. Durch dich ahnt der Opferschauer voraus, wenn ein Gott die schlüpfrigen Eingeweide mit Zei- chen versehen hat,[6] [15] unter deiner Führung hat die Sibylle[7] niemals die Römer getäuscht, die verborgene Schicksale in sechsfüßigen Versen verkündet.

Phoebus, lass es zu, dass Messalinus[8] die heiligen Schriften der Seherin berühre, und unterrichte ihn selbst über die Männer, ich bitte dich, welchen jene weissagt!

Haec dedit Aeneae sortes, postquam ille parentem
    dicitur et captos sustinuisse Lares: 20
(Nec fore credebat Romam, cum maestus ab alto
    Ilion ardentes respiceretque deos:
Romulus aeternae nondum firmaverat urbis
    moenia, consorti non habitanda Remo,
sed tunc pascebant herbosa Palatia vaccae   25
    et stabant humiles in Iovis arce casae.
Lacte madens illic suberat Pan ilicis umbrae
    et facta agresti lignea falce Pales,
pendebatque vagi pastoris in arbore votum,
    garrula silvestri fistula sacra deo,   30
fistula cui semper decrescit arundinis ordo,
    nam calamus cera iungitur usque minor.
At qua Velabri regio patet, ire solebat
    exiguus pulla per vada linter aqua.
Illac saepe gregis ditis placitura magistro   35
    ad iuvenem festa est vecta puella die,
cum qua fecundi redierunt munera ruris,
    caseus et niveae candidus agnus ovis.)
'Impiger Aenea, volitantis frater Amoris,
    Troica qui profugis sacra vehis ratibus,   40
iam tibi Laurentes assignat Iuppiter agros,
    iam vocat errantes hospita terra Lares.
Illic sanctus eris, cum te veneranda Numici
    unda deum caelo miserit indigetem.
Ecce super fessas volitat Victoria puppes: 45
    Tandem ad Troianos diva superba venit.

Diese bestimmte dem Aeneas[9] sein Los, nachdem jener, so wird erzählt, den Vater [20] und die aufgenommenen Hausgötter auf den Schultern getragen hatte.[10] (Und er glaubte nicht, dass es Rom geben werde, als er wehmütig von der Höhe herab auf Ilion und die brennenden Götter zurückschaute: Romulus hatte noch nicht die festen Mauern der ewigen Stadt errichtet, die sein Bruder Remus nicht würde bewohnen dürfen,[11] [25] vielmehr weideten damals Kühe die grasreichen Palatinischen Hügel[12] ab, und auf dem Berggipfel des Jupiter[13] standen ärmliche Hütten. Von Milch triefend, lag dort ein Pan[14] im Schatten einer Steineiche sowie eine hölzerne Pales[15], gefertigt mit einem ländlichen Schnitzmesser, und im Baum hing das Weihegeschenk eines wandernden Hirten, [30] eine plaudernde Hirtenflöte, dem Waldgott geweiht, eine Hirtenflöte, deren Reihe aus Schilfrohren beständig kleiner wird, denn in einem fort schließt sich mit Wachs ein kürzerer Halm an. Wo sich aber die Gegend des Velabrum[16] erstreckt, da pflegte der unbedeutende Kahn auf schwärzlichem Wasser durch Untiefen zu gleiten. [35] Dorthin, um dem Oberhirten der reichen Herde gefällig zu sein, fuhr oft zu ihrem Jüngling das junge Mädchen am Festtag, mit der die üppigen Geschenke des Landes zurückkehrten, Käse und ein fleckenloses Lamm des schneeweißen Schafes.)

»Rastloser Aeneas, Bruder des umherfliegenden Amor[17], [40] der du troische Heiligtümer auf flüchtigen Schiffen mit dir bringst, schon weist dir Jupiter laurentinische Äcker[18] zu, schon ruft ein gastfreundliches Land die umherirrenden Laren[19] zu sich. Dort wirst du geheiligt sein, wenn dich die ehrwürdige Welle des Numicius[20] als einheimischen Gott zum Himmel gesandt hat.

[45] Siehe da, über die morschen Nachen fliegt Victoria[21]: Endlich kommt sie als stolze Göttin zu den Trojanern.[22] Siehe da, mir leuchten Feuer in einem rotschimmernden

Ecce mihi lucent rutilis incendia castris:
    Iam tibi praedico, barbare Turne, necem.
Ante oculos Laurens castris murusque Lavini est
    Albaque ab Ascanio condita Longa duce.   50
Te quoque iam video, Marti placitura sacerdos
    Ilia, Vestales deseruisse focos
concubitusque tuos furtim victasque iacentes
    et cupidi ad ripas arma relicta dei.
Carpite nunc, tauri, de septem montibus herbas   55
    dum licet. Hic magnae iam locus urbis erit.
Roma, tuum nomen terris fatale regendis,
    qua sua de caelo prospicit arva Ceres,
quaque patent ortus et qua fluitantibus undis
    Solis anhelantes abluit amnis equos.   60
Troia quidem tunc se mirabitur et sibi dicet
    vos bene tam longam consuluisse viam.
Vera cano: Sic usque sacras innoxia laurus
    vescar, et aeternum sit mihi virginitas.'
Haec cecinit vates et te sibi, Phoebe, vocavit,   65
    iactavit fusas et caput ante comas.
Quicquid Amalthea, quicquid Marpesia dixit,
    Heriphile Phoebo grata quod admonuit,
quasque Albana sacras Tiberis per flumina sortes
    portarit sicco perlueritque sinu   70
(haec fore dixerunt belli mala signa cometem,
    multus et in terras depluitque lapis

Lager: Schon sage ich dir, ausländischer Turnus[23], den gewaltsamen Tod voraus. Vor meinen Augen stehen der Laurentiner[24] in seinem Kriegslager, die Mauer Laviniums [50] und Alba Longa,[25] gegründet vom Feldherrn Ascanius.

Auch dich sehe ich schon, trojanische Priesterin,[26] die du dem Mars[27] gefällig sein wirst, sehe, dass du die der Vesta geweihten Feuerstellen und deine Lagerstätten heimlich im Stich gelassen hast, dass die schlafend daliegenden Vestalinnen überwunden und die Waffen des begierigen Gottes an den Ufern zurückgelassen worden sind.

[55] Weidet jetzt, ihr Stiere, die Gräser von den sieben Hügeln[28] ab, solange es erlaubt ist. Hier wird bald der Ort einer gewaltigen Stadt sein: Rom, verhängnisvoller Name für zu beherrschende Länder, wo Ceres[29] ihre Fluren vom Himmel herab betrachtet, wo sich Gegenden nach Osten hin erstrecken und wo die Flut mit wogenden Wellen [60] die schnaubenden Pferde des Sonnengottes[30] abspült. Troja aber wird sich dann wundern und sich sagen, dass ihr glücklicherweise eine so lange Reise erwogen habt.

Von wahren Dingen künde ich, so wahr ich mich fortwährend von heiligen Lorbeerzweigen unbeschadet ernähre und Jungfräulichkeit ewig mein ist.«

[65] Dies weissagte die Seherin und rief dich, Phoebus[31], für sich an; vorher aber schüttelte ihr Haupt ihre wallenden Haare.

Was auch immer Amalthea, was auch immer Marpesia sprach, was die dem Phoebus teure Heriphile warnend verkündete und welche heiligen Orakelsprüche die Albanerin durch die Gewässer des Tiber [70] getragen und im trockenen Bausch ihrer Toga gründlich gewaschen haben mag[32] (sie sagten voraus, dass es böse Vorzeichen auf einen Krieg und einen Kometeneinschlag geben werde, und wirklich regneten viele Steine auf die Landschaften herab, und es wird berich-

atque tubas atque arma ferunt strepitantia caelo
    audita et lucos praecinuisse fugam
ipsum etiam Solem defectum lumine vidit   75
    iungere pallentes nubilus annus equos
et simulacra deum lacrimas fudisse tepentes
    fataque vocales praemonuisse boves).
Haec fuerant olim, sed tu iam mitis, Apollo
    prodigia indomitis merge sub aequoribus   80
et succensa sacris crepitet bene laurea flammis
    omine quo felix et sacer annus erit.
Laurus ubi bona signa dedit (gaudete coloni),
    distendet spicis horrea plena Ceres
oblitus et musto feriet pede rusticus uvas,   85
    dolia dum magni deficiantque lacus,
ac madidus Baccho sua festa Parilia pastor
    concinet: A stabulis tunc procul este, lupi.
Ille levis stipulae sollemnis potus acervos
    accendet, flammas transilietque sacras,   90
et fetus matrona dabit, natusque parenti
    oscula compressis auribus eripiet,
nec taedebit avum parvo advigilare nepoti
    balbaque cum puero dicere verba senem.
Tunc operata deo pubes discumbet in herba,   95
    arboris antiquae qua levis umbra cadit,
aut e veste sua tendent umbracula sertis
    vincta, coronatus stabit et ipse calix,
at sibi quisque dapes et festas exstruat alte
    caespitibus mensas caespitibusque torum.   100

tet, dass Kriegstrompeten und laut klirrende Waffen vom
Himmel her zu hören gewesen seien und dass die heiligen
Haine Flucht geweissagt hätten;[33] [75] dass sogar der Sonnengott selbst, seines Leuchtens beraubt, schmutziggelbe Pferde
anspannte,[34] sah ein finsteres Jahr, und auch, dass die Bildnis-
se der Götter warme Tränen vergossen und sprechende Rinder die Geschicke vorhergesagt hatten) – diese Dinge waren
einst geschehen, aber du, milde nun, Apollo, [80] tauche die
unheilvollen Taten ein unter ungebändigte Meeresfluten,[35]
und von unten mit heiligen Flammen entzündet, soll Lor-
beerlaub[36] laut knistern. Mit diesem Vorzeichen wird das
Jahr glücklich und geweiht sein.

Sobald der Lorbeer gute Vorzeichen gegeben hat (freut
euch, ihr Landleute), wird Ceres die gefüllten Heuschober
mit Getreideähren weiter ausdehnen, [85] und der Bauer, mit
Most befleckt, wird die Trauben mit seinem Fuß zerstamp-
fen, bis die Fässer und großen Kufen ausgehen, und ange-
trunken durch Bacchus[37], wird der Hirte seine festlichen Parilien[38] besingen: Von den Ställen seid dann fern, ihr Wölfe.
Jener wird betrunken die alljährlich gefeierten Haufen aus
leichtem Stroh [90] entzünden, wird über die geweihten
Flammen springen, die Hausherrin wird ihm ein Kind
schenken, der Sohn wird der Mutter, der er die Ohren
zusammenpresst, Küsse rauben, und es wird der Großvater
keinen Überdruss empfinden, bei seinem kleinen Enkel zu
wachen und als Greis mit dem kleinen Jungen gestammelte
Worte zu wechseln.

[95] Dann wird die Jugend, wenn sie dem Gott geopfert
hat, sich im Gras niederlegen, wohin der sanfte Schatten eines alten Baumes fällt, oder sie werden aus ihren Gewändern
Sonnendächer aufspannen, die sie mit Girlanden umwunden
haben, und selbst der Kelch wird bekränzt dastehen. Ein jeder aber soll sich seine Speisen aufbauen, [100] auf Rasen
hoch die festlichen Tische, auf Rasen sein Lager.

Ingeret hic potus iuvenis maledicta puellae,
    postmodo quae votis irrita facta velit:
Nam ferus ille suae plorabit sobrius idem
    et se iurabit mente fuisse mala.
Pace tua pereant arcus pereantque sagittae,   105
    Phoebe, modo in terris erret inermis Amor.
Ars bona: Sed postquam sumpsit sibi tela Cupido,
    heu heu, quam multis ars dedit ista malum!
Et mihi praecipue: Taceo cum saucius annum
    et faveo morbo cum iuvat ipse dolor,   110
usque cano Nemesim, sine qua versus mihi nullus
    verba potest iustos aut reperire pedes.
At tu (nam divum servat tutela poetas)
    praemoneo, vati parce, puella, sacro,
ut Messalinum celebrem cum praemia belli   115
    ante suos currus oppida victa ferent,
ipse gerens laurus, lauro devinctus agresti,
    miles 'io' magna voce 'triumphe' canet.
Tunc Messalla meus pia det spectacula turbae
    et plaudat curru praetereunte pater.   120
Annue: Sic tibi sint intonsi, Phoebe, capilli,
    sic tua perpetuo sit tibi casta soror.

Hier wird der betrunkene junge Mann seinem Mädchen Schmähungen zufügen, welche er später mit Gelübden ungesagt machen möchte: Denn er, der gegenüber der Seinen gefühllos war, ebendieser wird in nüchternem Zustand darüber laut jammern und schwören, dass er bei bösem Verstand gewesen sei.

[105] Durch deinen Frieden sollen Bögen zugrunde gehen, zugrunde gehen auch Pfeile, Phoebus, wenn nur auf Erden ein unbewaffneter Amor umherschweift. Gut war seine Kunst: Aber nachdem Cupido sich Waffen genommen hatte, ach, ach, wie vielen verschaffte diese Kunst Leid! Und mir ganz besonders: Wenn ich ein Jahr lang bekümmert schweige [110] und meine Krankheit hege und wenn selbst der Schmerz erfreut, dann besinge ich in einem fort Nemesis[39], ohne die mir kein Vers Worte oder gehörige Versmaße finden kann.

Aber du (denn die Fürsorge der Götter schützt die Dichter), dich warne ich, schone den heiligen Sänger, Mädchen, [115] damit ich Messalinus feiern kann, wenn besiegte Städte vor seinen Wagen die Kriegsbeute hertragen werden, während die Soldaten selbst Lorbeerzweige tragen und, mit ländlichem Lorbeer bekränzt, mit lauter Stimme singen werden: »Hoch lebe der Triumph!«[40] Dann möge mein Messalla[41] der Menge gottgefällige Anblicke gewähren, [120] und während er im Wagen vorüberfährt, möge ihm sein Vater Beifall spenden.

Nicke mir beifällig zu, so wahr ungeschorene Haare dein sind, Phoebus, und so wahr deine Schwester dir ewig die keusche ist.[42]

VI

Castra Macer sequitur: Tenero quid fiet Amori?
　　Sit comes et collo fortiter arma gerat?
Et seu longa virum terrae via seu vaga ducent
　　aequora, cum telis ad latus ire volet?
Ure, puer, quaeso, tua qui ferus otia liquit,　　　　　　　5
　　atque iterum erronem sub tua signa voca.
Quod si militibus parces, erit hic quoque miles,
　　ipse levem galea qui sibi portet aquam.
Castra peto, valeatque Venus valeantque puellae:
　　Et mihi sunt vires, et mihi facta tuba est.　　　　　　10
Magna loquor, sed magnifice mihi magna locuto
　　excutiunt clausae fortia verba fores.
Iuravi quotiens rediturum ad limina numquam!
　　Cum bene iuravi, pes tamen ipse redit.
Acer Amor, fractas utinam tua tela, sagittas　　　　　　15
　　scilicet, extinctas aspiciamque faces!
Tu miserum torques, tu me mihi dira precari
　　cogis et insana mente nefanda loqui.
Iam mala finissem leto, sed credula vitam
　　Spes fovet et fore cras semper ait melius.　　　　　　20
Spes alit agricolas, Spes sulcis credit aratis
　　semina, quae magno faenore reddat ager:
Haec laqueo volucres, haec captat arundine pisces,
　　cum tenues hamos abdidit ante cibus.

6

Macer[1] sucht sein Kriegslager auf: Was wird mit dem zarten
Amor geschehen? Soll er sein Gefährte sein und um den Hals
tapfer seine Waffen tragen? Und sei es, dass Länder auf langem Weg oder unstete Meeresflächen den Mann wegführen –
wird er mit Waffen an seiner Seite marschieren wollen? [5]
Lass du, Knabe[2], ihn bitte verbrennen, der gefühllos deine
Mußestunden hat fahren lassen, und ruf den Vagabunden
wieder unter deine Feldzeichen!

Wenn du aber die Soldaten schonen wirst, dann wird auch
hier ein Soldat sein, der selbst das flüchtige Wasser in seinem
Helm mit sich trägt. Zu meinem Kriegslager strebe ich, es
lebe Venus[3] wohl, ein Lebewohl auch den Mädchen: [10]
Auch mir gehören Kräfte, auch für mich wurde die Kriegstrompete geschaffen.

Von großen Dingen spreche ich, aber mir, der ich prahle-
risch von großen Dingen gesprochen habe, entreißen geschlossene Türen kühne Worte. Wie oft habe ich geschworen, dass ich niemals an deine Türschwellen zurückkehren
werde! Jedes Mal, wenn ich ordentlich geschworen habe,
kehrt mein Gang dennoch von selbst dorthin zurück.

[15] Heftiger Amor, wenn ich doch deine Waffen, deine
Pfeile nämlich, zerbrochen erblicken könnte und ausge-
löscht deine Fackeln![4] Du folterst mich Elenden, du zwingst
mich, mir schreckliche Dinge zu wünschen und mit rasen-
dem Geist frevelhafte Worte auszusprechen.

Ich hätte meine Leiden schon mit dem Tode beendet, aber
die leichtgläubige [20] Hoffnung[5] hegt das Leben und sagt
immer, dass es morgen besser sein werde. Hoffnung nährt
die Bauern, Hoffnung vertraut den gepflügten Ackerfurchen
die Samen an, die das Feld mit großem Ertrag zurückgeben
soll: Diese jagt mit der Schlinge nach Vögeln, diese mit der

Spes etiam valida solatur compede vinctum   25
   (crura sonant ferro, sed canit inter opus).
Spes facilem Nemesim spondet mihi, sed negat illa.
   Ei mihi, ne vincas, dura puella, deam.
Parce, per immatura tuae precor ossa sororis:
   Sic bene sub tenera parva quiescat humo.   30
Illa mihi sancta est, illius dona sepulcro
   et madefacta meis serta feram lacrimis:
Illius ad tumulum fugiam supplexque sedebo
   et mea cum muto fata querar cinere.
Non feret usque suum te propter flere clientem: 35
   Illius ut verbis, sis mihi lenta veto,
ne tibi neglecti mittant mala somnia Manes,
   maestaque sopitae stet soror ante torum,
qualis ab excelsa praeceps delapsa fenestra
   venit ad infernos sanguinolenta lacus.   40
Desino, ne dominae luctus renoventur acerbi.
   Non ego sum tanti, ploret ut illa semel,
nec lacrimis oculos digna est foedare loquaces:
   Lena nocet nobis, ipsa puella bona est.
Lena necat miserum Phryne furtimque tabellas   45
   occulto portans tuncque reditque sinu:
Saepe, ego cum dominae dulces a limine diro
   agnosco voces, haec negat esse domi.
Saepe, ubi nox mihi promissa est, languere puellam
   nuntiat aut aliquas extimuisse minas.   50

Angelrute nach Fischen, wenn der Köder zuvor die unscheinbaren Häkchen verborgen hat. [25] Hoffnung tröstet auch den mit starker Fußfessel Gebundenen (seine Schenkel klingen vom Eisen, doch er singt bei der Arbeit). Hoffnung verspricht mir eine geneigte Nemesis[6], aber jene macht sie zunichte.

Wehe mir, besiege nicht, hartherziges Mädchen, die Göttin! Schone sie, bei den noch nicht erwachsenen Gebeinen deiner Schwester: [30] So dürfte die Kleine unter weicher Erde sanft ruhen. Jene ist mir heilig, ihrem Grab werde ich Geschenke und von meinen Tränen durchnässte Kränze bringen: Zu ihrem Grabhügel werde ich fliehen und dort mit gebeugtem Knie sitzen, und zusammen mit der stummen Asche werde ich meine Geschicke beklagen. [35] Sie wird es nicht ertragen, dass ihr Schützling in einem fort deinetwegen weint: Dass du ihren Worten, dass du mir gegenüber nicht gleichgültig bist, gebiete ich dir, damit dir die vernachlässigten Manen[7] keine bösen Träume schicken und deine traurige Schwester nicht so vor dem Bett der Schlafenden steht, wie sie, als sie kopfüber aus dem hohen Fenster gestürzt war, [40] blutüberströmt zu den unterweltlichen Seen kam.

Ich höre auf, damit die bitteren Totenklagen meiner Herrin nicht erneuert werden. Ich bin nicht so viel wert, dass jene einmal nur weine, auch ist sie es nicht würdig, mit Tränen ihre sprechenden Augen zu entstellen: Die Kupplerin[8] schadet uns, das Mädchen selbst ist gut. [45] Die Kupplerin verwehrt mich Armseligen und meine Briefchen heimlich meiner Phryne[9], und zwar kehrt sie, indem sie diese dann im verschlossenen Bausch ihrer Toga trägt, zu ihr zurück: Oft, wenn ich die süßen Laute meiner Herrin von der grausamen Schwelle aus erkenne, sagt diese, sie sei nicht zu Hause. Oft, wo mir eine Nacht versprochen worden ist, [50] verkündet sie, dass das Mädchen sich matt fühle oder irgendwelche

Tunc morior curis, tunc mens mihi perdita fingit,
  quisve meam teneat, quot teneatve modis.
Tunc tibi, lena, precor diras: Satis anxia vivas,
  moverit e votis pars quotacumque deos.

Drohungen befürchte. Dann sterbe ich vor Sorgen, dann malt mir mein vernichteter Geist aus, wer die Meine besitzt oder auf wie viele Weisen er sie besitzt. Dann wünsche ich dir, Kupplerin, unheilvolle Vorzeichen: Ängstlich genug sollst du leben, ein wie geringer Teil meiner Wünsche auch nur die Götter bewegen mag.

Anmerkungen

Der lateinische Text beruht auf einer eigenen Konstitution. Dabei wurde u. a. die folgende Ausgabe dankbar herangezogen: *Albii Tibulli Aliorumque Carmina*, recognovit G. Luck, Stuttgart: Teubner, 1988, ²1998.

Die Absätze in der Prosaübersetzung sollen Sinnzusammenhänge bzw. -einschnitte erkennbar werden lassen, die in dem ungegliedert überlieferten lateinischen Text nicht sichtbar werden.

Erstes Buch

1,1

1 Ein Morgen (Landes) ist ein Flächenmaß: 1 M. = 0,25 Hektar = 2500 m².

2 Nicht Armut ist gemeint, sondern der Besitz von kleinem Vermögen.

3 Hier kommt der Wunsch des Dichters nach einem friedlichen, beschaulichen Leben auf dem Lande zum Ausdruck.

4 An dieser Stelle wird eine kontrastive Vorstellung zu der herkömmlichen Position eines urbanen elegischen Dichters entwickelt.

5 Gemeint ist die Göttin Spes, die in Rom einen eigenen Tempel besaß.

6 In alter Zeit gab es Baumstrünke auf den Feldern und heilige Steine an Weggabelungen auf dem Lande, die Vorübergehende in ihrer Verehrung mit Kränzen und Blumengewinden schmückten oder auch mit Öl beträufelten. Es handelt sich bei diesem Brauch wohl mehr um einen Rest alten Aberglaubens bei Reisenden, als dass er sich auf die Verehrung des Gottes der Gemarkungen, Terminus, beziehen lässt.

7 Mit dem Schutzgott des Landmannes muss nicht Silvanus, römischer Waldgott und Schutzherr von Pflanzen und Tieren in Wald

und Feld, der Pan verwandt ist, gemeint sein. Die Bauern verehrten ihn zwar allgemein, doch sahen Sklaven und Freigelassene in ihm einen persönlichen Gott. Daher trifft hier die Bezeichnung wohl eher auf Ceres und Bacchus zu.

8 Ceres, römische Göttin des Ackerbaus, der Fruchtbarkeit und der Ehe, war die Tochter Saturns und der Ops, Schwester Jupiters und Plutos, Mutter der Proserpina. Ceres entspricht der griechischen Demeter und war vielleicht auch chthonische Gottheit, aus deren Schoß das Lebendige hervorgeht, um nach dem Tode wieder dorthin zurückzukehren. Der Tempel der Ceres, auch den Gottheiten Liber und Libera geweiht, stand auf dem Aventin. Das Fest dieser Götterdreiheit waren die Cerealien am 19. April.

9 Ein Kranz aus Ähren war die früheste Art Blütengebinde im Brauchtum der Römer.

10 Priapus, Sohn des Dionysos und der Aphrodite, ist ein kleinasiatischer Fruchtbarkeitsgott, bei den Römern Gott der Baumfrüchte, Gärten und Weinberge, der zeugenden und befruchtenden Naturkraft. Als Fruchtbarkeitsgott trug er einen überdimensionalen Phallus. Die gekrümmte Sichel als Bewaffnung der Holzfigur ist in erster Linie als literarisches Attribut zu sehen. Seine einfachen, zu festlichen Gelegenheiten wieder frisch mit roter Farbe bemalten Holzstatuen befanden sich in Obst- und Weingärten, dienten gleichzeitig als Vogelscheuchen und zur Abschreckung von Dieben. Kultisch verehrt wurde er mit Opfergaben von Feldfrüchten, Milch und Honig. Nach Priap sind die Priapeia benannt, obszöne, auf ihn bezogene Kurzgedichte.

11 Laren sind zuerst Schutzgottheiten des Hauses und der Familie. Zur Zeit der römischen Republik wurde im Privathaus ein einzelner Lar (*lar familiaris*) verehrt, der wie die Penaten an den täglichen Mahlzeiten und dem ganzen Familienleben teilnahm. Sein Bild stand in einem Schrein auf dem Herde oder in einer kleinen Kapelle (*lararium*). Der Lar schützte alle Hausbewohner. Über den häuslichen Bereich hinaus waren die Laren auch Schutzgötter der Kreuzwege (*lares compitales*) und Felder. Die Larentalia, das Fest der Laren, fielen auf den 23. Dezember.

12 Ein Lamm als Opfertier (*hostia*) wurde an den Ambarvalien, dem Fest der Flurweihe, in einer Prozession um die Ackerflur geführt und in einem Feldweihopfer für die Feldfrüchte geschlachtet.

13 Pales sorgte als altehrwürdige römische Hirtengöttin für die Fruchtbarkeit des Viehs und schützte es vor Seuchen und Raub-

tieren. Ihr Fest, die Parilia oder Palilia, wurde als ein ländliches Reinigungsfest am 21. April begangen, dem Tag der Stadtgründung Roms durch Hirten. Dabei trieben die Hirten ihr Vieh durch das Feuer brennender Strohhaufen und sprangen dann selbst hinterher. Nach dem Opfermahl wurde das Götterbild lieber mit Milch und Öl als mit Wein besprengt und geweiht.

14 Wilde Winde typisieren die Gewalt und Gefahren in der Welt draußen: Soldatenleben, Seefahrten, lange Reisen.

15 Wassermassen sind hier ein Symbol der Unsicherheit und Unbeständigkeit, vor denen – wie auch vor Sturm und Winterkälte – der Mensch Schutz unter dem Dach eines eigenen Heims findet.

16 Marcus Valerius Messalla Corvinus, geboren 64 v. Chr. und gestorben 8 n. Chr., war Tibulls Patron, Freund und Förderer. Messalla stammte aus angesehener Familie, war ein fähiger Staatsmann und Literat, erfolgreicher Heerführer und ein wohlhabender Mann. Von seinen Reden, Übersetzungen und grammatischen Arbeiten ist nichts auf uns gekommen.

17 Die Waffenrüstung des besiegten Feindes und andere Beutestücke wurden im Hause des siegreichen Feldherrn – an den Türpfosten oder im Vestibulum, dem Vorraum, aufgehängt – zur Schau gestellt, um an die Leistung des Hausherrn und seiner Familie zu erinnern.

18 Das bei den elegischen Dichtern vereinzelt behandelte Paraklausithyron-Thema tritt uns hier entgegen, also die allzu oft verriegelte Tür der Geliebten: Der ausgeschlossene Liebhaber (*exclusus amator*) sitzt als Wächter wie ein Türsklave vor der Haustür seiner Geliebten, spricht mit der Tür, klagt und fleht um Einlass. Der Dichter personifiziert die Tür, die hart und unerbittlich keinen Eintritt zu der Geliebten gewährt und selbst gegenüber physischer Gewalt sich nicht öffnet.

19 Delia – nach Apuleius war ihr wirklicher Name »Plania« – war wohl keine Freigeborene, gehörte jedoch ihrem Rechtsstatus nach zu dieser Klasse. Der Stammbaum der Plania-Familie liegt völlig im Dunkeln. Der Name »Delia« als Pseudonym für die Geliebte des Tibull weist sie als Sklavin, d. h. als zu Delos gehörig aus; andererseits ist er dem Epitheton der jungfräulichen Jagdgöttin Diana (griech. *Artemis*) und ihres Zwillingsbruders Apollo angemessen, die beide auf Delos als Kinder des Zeus und der Leto geboren wurden.

20 Aufgelöstes Haar gehört zu den Zeichen der Trauer. Der tote Dichter wünscht keine übersteigerten Trauerbezeugungen von seiner Geliebten.
21 Der personifizierte Tod ist gemeint.
22 Hier begegnet die Figur des verliebten Alten.
23 Der Dichter zieht den Minnedienst jedem Kriegsdienst vor.
24 Habsucht und Gier nach Vermögen verursachen Kriege und Verwundungen.

1,2

1 Der Wein spendet Schlaf und bändigt große Liebespein (1–4).
2 Das Thema des Paraklausithyron wird hier variiert (7–14; vgl. 1,1,55 f., dazu Anm. 18).
3 Elegische Variation zu dem Sinnspruch: *fortes fortuna adiuvat*; Venus gibt den Verliebten Mut und Kraft. Sie ist die Göttin der Liebe und die Mutter des Gottes Amor.
4 In Anwesenheit ihres Ehemanns wagt es die Geliebte, Liebesbezeigungen und Verabredungen mit ihrem Favoriten auszutauschen, die durch vereinbarte Geheimsprache und -zeichen unentdeckt bleiben.
5 Lösegeld in bar fordert der *praemiator*, ein Bandit, der sein Opfer überfällt, der Kleider beraubt und diese nur gegen Bares zurückgibt.
6 Venus ist die altitalische Göttin des Frühlings und der Gärten; dann, gleichgesetzt mit Aphrodite, wurde sie mit der Hellenisierung des Venusdienstes auch die Göttin der Liebe. Im Jahr 215 v. Chr. wurde ihr als Venus Erucina (vom Berge Ida auf Sizilien) der erste Tempel auf dem Kapitol geweiht.
7 Im Namen der Aphrodite (lat. *Venus*) ist nach griechischer Etymologie die Vorstellung enthalten, Aphrodite sei aus dem Schaum des Meeres geboren: Als Gaia, erzürnt über ihren Gemahl Uranos, ihren Sohn Kronos zum Kampf gegen den Vater ermunterte, schnitt Kronos mit einer Sichel Uranos die Geschlechtsteile ab und bemächtigte sich der Weltherrschaft. Aus den ins Meer gefallenen Blutstropfen entstand die schaumgeborene Aphrodite.
8 Die Macht der Hexen (44–52) ist ein beliebtes Thema der Liebeselegie: Sie können mit Zauber auf die Abläufe in der Natur sowie auf den Gang der Liebesbeziehungen einwirken. Sie zaubern mit Kräutern, Sprüchen und anderen Requisiten und verstehen sich auf Nekromantie.

 9 Medea, Tochter des Königs Aietes von Kolchis am Schwarzen
   Meer und Enkelin des Helios, erscheint als größte Zauberin und
   Hexe des griechischen Mythos in Thessalien, dem klassischen
   Land der Hexen und der Zauberei.

10 Hekate, die Tochter des Titonen Perses und der Asteria, ist als
   chthonische Gottheit hilfreich und auch unheimlich. Wie die
   Erinyen trägt sie eine Fackel und Schlangen im Haar. Hekate
   ist die Herrin allen nächtlichen Unwesens, der Zauberei und Gift-
   mischerei. An den von alters her unheimlichen Weggabelungen
   wurde ihr geopfert, und sie wurde gleichgesetzt mit Trivia, der
   Göttin der Dreiwege. Mit ihrem nächtlichen Schwarm, der wilden
   Jagd entsprechend, zog Hekate, von heulenden Hunden begleitet,
   umher und brachte demjenigen Verderben, dem sie begegnete.
   Sie galt als Urheberin krankhafter Zustände.

11 Ausspeien soll Unheil abwehren.

12 Während der phantastischen Zeremonien und Versprechungen
   der Hexe, die Macht der Geliebten über Tibull zu brechen, betet
   dieser still um Gegenliebe (61–66).

13 Der Mensch ohne Mitleid und Gefühl ist eine Kriegernatur; er
   gibt Sieg, Ruhm und Reichtum gegenüber der Liebe den Vorzug.

14 Hier liegt vielleicht eine Anspielung auf Messalla vor, denn dieser
   hatte einen Feldzug nach Kilikien, einem Bergland in Kleinasien,
   unternommen.

15 Der Dichter zieht dem Kriegsdienst seinen Minnedienst im
   Zusammenleben mit Delia und ein beschauliches Hirtenleben
   in idyllischer Landschaft vor (73–76).

16 Ein weiches Lager in Purpurfarben kann als Ausdruck von Luxus
   gelten.

17 In reicher Herren Haus plätscherte ein Springbrunnen, der sanf-
   ten Schlaf bringen sollte.

18 Hier zählt der Dichter drei sakrale Vergehen auf: Lästerreden
   gegen Gottheiten, Betreten eines Tempels, ohne das Gebot kul-
   tischer Reinheit zu beachten, und die Profanation einer heiligen
   Stätte (81–88). Er kennt die religiösen Bräuche – als Büßer würde
   er den Tempel nicht betreten, die Schwelle küssen, das Haupt an
   die Türpfeiler hämmern und laut rufen: *Merui! Merui!* (»Schuldig
   bin ich! Ich bin schuldig!«). So würde er seinen Frieden mit der
   Gottheit schließen wollen. Dieses Bild des Büßers, der an die
   Pfosten des Tempels hämmert, dessen Türflügel den anderen zum

Betreten offen stehen, und der den Tempel nicht betreten darf, ist der Situation des *exclusus amator* vergleichbar.

19 Die Bestrafung des Spötters ist gemeint.

20 Der verliebte Alte dient als abschreckendes Beispiel für den Jüngling, der in den Bausch seiner Toga spuckt, um damit solches Erleben bei sich selbst abzuwehren (91–98).

21 Venus, die einen größeren Zauber auf Tibull als auf Delia auszuüben scheint, sollte ihren Sklaven schonen, aber stattdessen verbrennt sie ihre Ernte. Tibull verbindet hier unbewusst bukolische mit elegischen Metaphern. Als loyaler Diener ist Tibull Teil ihrer ›Erntebringer‹. Aber sie erfüllt nicht die früher eingegangene Verpflichtung und bietet mehr ein Beispiel an Unbeständigkeit als an Loyalität.

1,3

1 Zu Messalla s. 1,1,53, dazu Anm. 16.

2 Messallas Kriegszug wird vom Adriatischen Meer über das stürmische Ägäische Meer zu nicht genannten Ländern führen.

3 Tibull erkrankt auf einem Feldzug Messallas in den Orient und wird auf der Insel Korkyra (heute Korfu), die als Insel der Phäaken galt, zurückgelassen.

4 Man beachte hier die Personifizierung des Todes, den der Dichter anspricht (4–9). Familiäre Bindungen gab es tatsächlich bei Tibull. Angehörige und Freunde hatten nach Erkalten des Scheiterhaufens die Pflicht, die Asche und Knochenreste der verstorbenen Person in einer Urne zu bergen und am Grabmal beizusetzen.

5 Orientalische Parfüms waren besonders geschätzt und gelangten über syrische Häfen nach Rom. Bei einem Begräbnis war es Brauch, teure Duftstoffe in das lodernde Feuer oder auf die sich abkühlende Asche des Toten zu streuen.

6 In Praeneste (heute Palestrina), einem Gebirgsort in der Nähe von Rom, wurden von einem Knaben im Tempel der Fortuna Primigenia beschriebene Holztäfelchen gezogen, die dann der Prophet ausdeutete. Hier scheint Delia beim Orakel dreimal die Lose für eine gute und erfolgreiche Unternehmung selbst zu ziehen, während der Knabe als Prophet interpretiert (11–13).

7 Der Flug der Vögel war das Hilfsmittel für die Voraussagen der Auguren bei der Vogelschau.

8 (Böse) Vorzeichen aus der Beschau der Eingeweide von Opfertieren konnten die Seher der Eingeweideschau, die *haruspices*,
   melden.

9 Saturn, römischer Gott des Ackerbaus, der Obst- und Weinkul-
   tur, dem griechischen Kronos gleichgesetzt, ist Gemahl der Ops
   und Vater des Jupiter, der ihn der Weltherrschaft beraubte. Er
   flüchtet nach Latium, wo er von Janus aufgenommen wird. Unter
   der Herrschaft des Saturn erleben die Menschen das glückliche,
   sorgen- und schuldfreie goldene Zeitalter der Welt. Sein Fest, die
   Saturnalien, feierte das alte Rom vom 17. bis 19. Dezember (seit
   der Kaiserzeit dann neun Tage lang). Mit dem »heiligen Tag des
   Saturn« (*Saturni dies*) haben wir eine frühe, schriftlich überkom-
   mene Bezugsquelle für unsere Wochentagsbezeichnung ›Samstag‹
   (engl. *Saturday*).

10 Wer sich an der Schwelle der eigenen Haustür stieß, sollte besser
   zu Hause bleiben.

11 Der Kult der ägyptischen Fruchtbarkeitsgöttin Isis gelangte im
   frühen ersten Jahrhundert v. Chr. nach Rom. Herodot setzt Isis
   und Demeter gleich. Der Dichter steht zu der altrömischen Religion und befolgt deren Bräuche; Delia dagegen huldigt dem
   orientalischen Isiskult (23–34). Isis hatte unter den Damen der
   römischen Halbwelt viele Anhängerinnen. Neben Zeiten ge-
   schlechtlicher Enthaltsamkeit forderte Isis eine reinigende Wa-
   schungszeremonie ihrer Gläubigen, bevor sie den Tempel betra-
   ten. Sie sangen, in Leinen gehüllt und mit gelöstem Haar, Hym-
   nen (Aretalogien) auf die Macht der Isis zu den Klängen des
   Gongs und der Metallklapper (*sistrum*). Vor dem Eingang des
   Tempels fällt Delia wegen ihrer Schönheit, ihrer blonden Haare
   und des weißen Büßerkleides in der Schar der Isis-Verehrerinnen
   auf. Sie ist noch ausgeschlossen vom Betreten des Tempels (zum
   Motiv des *exclusus amator* vgl. 1,1,56, dazu Anm. 18). Als Dank
   für Heilung und Rettung wird ein Holztäfelchen an die Tempel-
   wand gehängt, auf das die näheren Umstände des Geschehens ge-
   malt sind.

12 Der Leuchtturm von Pharos an der Hafeneinfahrt der Stadt Ale-
   xandria wurde von Ptolemäus II. erbaut und gilt als Wahrzeichen
   Ägyptens. Er steht hier für das Land der Isis und für Ägypten
   überhaupt.

13 Römische Haus- und Familiengötter, zu trennen nach Vorrats-
   oder Speichergöttern und angestammten Hausgöttern (*di patrii*),

deren Bilder, zumeist in der Zweizahl, verehrt wurden, waren in der Nähe des Herdfeuers im *atrium* des Privathauses aufgestellt. Hier erhielten die Penaten gemeinsam mit dem Lar ihre tägliche Mahlzeit und nahmen an allen kleinen und großen Freuden und Leiden der Familie teil. Der Kult der Staatspenaten oblag dem *pontifex maximus* im Tempel der Vesta. Tibull will seine Genesung der Macht der Penaten verdanken.

14 Zu den Laren s. 1,1,20, dazu Anm. 11.

15 Zu Saturn s. 1,3,18, dazu Anm. 9. Eine frühe Beschreibung des goldenen Weltalters finden wir bei dem Griechen Hesiod. Diese Unschuld einer goldenen Zeit ist bei Tibull verloren gegangen (35–48): Aus Hybris bauen die Menschen in ihrer Habgier Schiffe und befahren die Meere, welche die Götter trennend zwischen die Kontinente gelegt haben. Die Tiere werden gewaltsam gebändigt und unters Joch genommen. Geschlossene Türen müssen das Eigentum sichern, Grundbesitz wird mit Grenzsteinen festgelegt und markiert. Jetzt herrscht Jupiter im eisernen Zeitalter, nachdem mit dem Schmieden des Schwertes Krieg und Verderben über die Menschen gekommen sind.

16 Zu sakralen Vergehen s. 1,2,81–88, dazu Anm. 18. Meineid ist die vierte Art des Gottesfrevels.

17 Außer an dieser Stelle erwähnt der Dichter seinen Namen nur noch in dem Widmungstext in 1,9,83. Durch die Positionierung der Namen im Vers betont der Dichter wirkungsvoll die Beziehung zwischen ihm und Messalla.

18 Amor ist der Gott der Liebe und der Verliebten. Amor entspricht bei den Griechen der Gott Eros, Sohn des Ares und der Aphrodite.

19 Zu Venus s. 1,2,16, dazu Anm. 3.

20 Das Elysium ist der Ort der Unterwelt, der für Tüchtige, Gute und Helden der Liebe ein ewiges Paradies bereit hält.

21 Die Myrte, ein ursprünglich im Nahen Osten beheimateter Strauch oder strauchartiger Baum mit immergrünen Blättern und weißen Blüten, wurde in Rom als Zierpflanze geschätzt. Beliebt war auch das Myrtenöl, das als Würzmittel für Wein und als Heilmittel diente. Größte Bedeutung hatte die Myrte als Kranzpflanze wegen ihres Wohlgeruchs, und da sie nicht nur als Pflanze der Venus galt, begegneten Myrtenzweige oder Myrtenkränze in zahlreichen Kulten.

22 Die »tiefe Finsternis« bezeichnet den Tartarus, den schrecklichen Ort der Unterwelt, der den Frevlern zugedacht ist.

23 Den Tartarus umgeben die Flüsse Acheron, Kokytos, Phlegetos und Styx. Die elysischen Gefilde umfließt der Lethe-Strom, der Fluss des Vergessens.

24 Tisiphone ist neben Allekto und Megaira eine der unterirdischen Rachegöttinnen (lat. *Dirae, Furiae*; griech. *Erinyes*), die als Helferinnen des Pluto und der Proserpina (griech. *Hades* bzw. *Persephone*) mit verzerrten Gesichtszügen, schlangenbedeckten Häuptern und drohend geschwungenen Fackeln aus der Tiefe auftauchen und auf ehernen Füßen Frevler und Verwandtenmörder durch alle Welt verfolgen und in Wahnsinn und Tod treiben.

25 Cerberus, der ungeheuerliche Höllenhund mit drei schlangenbedeckten Köpfen, lässt niemanden zurückkehren, den er in den Tartarus hat eintreten lassen. Der onomatopoietische Name »Cerberus« soll das Knurren des bissigen Hundes wiedergeben. Nur Orpheus besänftigt Cerberus mit Gesang und Saitenspiel, und Herakles überwindet ihn mit seiner gewaltigen Körperkraft.

26 Hermes als Seelengeleiter führt die Seelen der Toten durch die eherne Pforte in den Tartarus.

27 Ixion, König der Lapithen in Thessalien, näherte sich in seiner Hybris Hera, aus welcher Verbindung die Kentauren entsprangen. Als Ixion sich seines Triumphes über Hera rühmt, stößt ihn Zeus in den Tartarus hinab, wo er auf ein nimmer ruhendes feuriges Rad geflochten wird und seinen Frevel ewig büßen muss.

28 Der Riese Tityos, Sohn des Zeus, will sich an der Göttin Leto (lat. *Latona*) vergreifen, wird aber von den Pfeilen ihrer Kinder Apollo und Artemis (lat. *Diana*) tödlich getroffen. Nach seinem Tod wird Tityos im Tartarus über neun Morgen Land hin lang ausgestreckt an den Boden gefesselt, während ihm ein Geierpaar die stets wieder nachwachsende Leber zerhackt. Diese Strafe in der Unterwelt erinnert an den Adler des Prometheus.

29 Tantalus, Sohn des Zeus und Vater von Pelops und der Niobe, durfte bei den olympischen Göttern an der Tafel teilhaben. Aber Tantalus entwendet Ambrosia und lässt seine sterblichen Freunde von der Götterspeise kosten. Er plaudert auf der Erde Geheimnisse der Götter aus und stellt ihre Allwissenheit auf die Probe, indem er seinen Sohn Pelops schlachtet und ihn den Göttern zum Mahle vorsetzt. Für diese Frevel muss Tantalus im Tartarus zur Strafe ewig Hunger und Durst leiden. Die Tantalusqualen

dieses berühmtesten Büßers in der Unterwelt sind bis heute sprichwörtlich.

30 Des Danaus fünfzig Töchter, die Danaiden, waren mit ihrem Vater auf einem fünfzigruderigen Schiff bei ihrer Flucht vor der Übermacht seines Bruders Aegyptus zu der Peloponnes gelangt. Dort gründet Danaus die Stadt Argos. Nach ihm als Stammvater werden die Griechen »Danaer« genannt. Mit den Töchtern des Danaus haben wir das Beispiel für eine Freveltat gegen Venus. Mit Ausnahme der Tochter Hypermnestra ermordeten alle ihre Ehemänner auf Befehl und mit Dolchen ihres Vaters in der Hochzeitsnacht. Die Ehemänner der Danaiden waren allesamt Aegyptus-Söhne. Die Strafe der Danaiden im Tartarus, das vergebliche Wassertragen, wurde mit der entsprechenden Tätigkeit in die Mysterien Nichteingeweihten in Zusammenhang gebracht, die sich dann in der Unterwelt abmühten, das zu Lebzeiten versäumte Reinigungsbad der Mysterien zustande zu bringen.

31 Die Frauen saßen oft bis spät in die Nacht hinein beim Spinnen. Die Alte, hier einem guten Cerberus vergleichbar, leitet bei der Arbeit die jüngeren Frauen an, erzählt ihnen Geschichten und achtet auf deren Sittsamkeit (83–88).

32 Die Morgenröte (lat. *Aurora*; griech. *Eos*), Tochter der Titanen Hyperion und Theia, Schwester des Helios und der Selene, war nach Vorstellung der Griechen eine schöne, junge Frau, deren Leib (insbesondere Finger, Arme, Knöchel) und Kleidung in den Farben Rosenrot, Safrangelb und Gold schimmern. Sie besiegt die Nacht, indem sie in einem Wagen ihre Bahn zurücklegt; der Morgenstern eilt ihr voraus, während die übrigen Sterne vor ihr fliehen (93–94).

1,4

1 Zu Priap s. 1,1,18, dazu Anm. 10. In diesem Gedicht tritt Priap als Berater in Liebesdingen (*magister amorum*) und als Helfer in der Liebeskrankheit auf.

2 Während der heißesten Sommertage zeigt sich das Sternbild des Hundes: Der große Hund ist ein Sternbild auf der südlichen Halbkugel, nahe der Milchstraße. Der kleine Hund erscheint als Sternbild am Äquator und südlich von ihm. Dem Mythos zufolge ist er der Hund der Erigone, der Tochter des Ikarus.

3 Bacchus (griech. *Dionysos* oder *Bakchos*), Sohn des Zeus und der thebanischen Kadmostochter Semele, wird nach seiner Geburt aus dem Schenkel des Zeus in die Obhut der Nymphen von Nysa gegeben und später von einem Silen – einem zweibeinigen, halbmenschlichen Pferdewesen, vergleichbar den Satyrn – erzogen. Als thrakischer bzw. lydisch-phrygischer Gott über Land und Meer nach Griechenland gekommen, ist Bacchus (auch »Liber« genannt) der Gott des Weines, auch der Baumzucht und der Vegetation insgesamt. Die Anhänger des Dionysos sind des Gottes voll (vgl. den Begriff »Enthusiasmus«), sie treten aus ihrer täglichen Lebens- und Wesensart heraus (vgl. den Begriff »Ekstase«) und folgen in begeistertem Rausch dem Schwarm (vgl. den Begriff »Thiasos«) des Gottes über die Berge und durch die Wälder. Nur Frauen, die Bakchai (Mänaden, Thyiaden oder Bakchantinnen), nehmen an diesem Treiben teil und mischen sich, efeubekränzt, mit Rehfellen und Thyrsosstäben ausgestattet, tanzend unter die Schar der Satyrn und Nymphen. Dionysos befreit als ›Löser‹ (griech. *Lyaios* oder *Lysios*; lat. *Liber*) die Menschen von Sorgen, Fesseln und Mauern. Die kleinen Dionysien waren ein Weinlesefest. An den großen (städtischen) Dionysien, einem Frühlingsfest im März, und an den Lenäen im Januar fanden regelmäßig Aufführungen neuer Komödien statt.

4 Jupiter, Sohn des Saturn, Bruder des Neptun und des Pluto, Gemahl der Juno, war der oberste Gott der römischen Staatsreligion. »Jupiter« ist der lateinische Name des indogermanischen Licht- und Himmelsgottes (griech. *Zeus*; skr. *dyaus*). Was im griechischen Mythos von Zeus erzählt wurde, übertrugen die römischen Dichter auf Jupiter. Ihm waren alle Iden (Vollmondtage) heilig. Jupiter war also Gott des Nachtlichtes und des Tageshimmels. Blitz und Donner standen ihm zu Gebote, und er war Schirmherr von Recht und Sitte, Schwurgott und Gott für die Widerstandskraft der Heere und für den Sieg. Mit Juno und Minerva zusammen wurde er in dem für politische Entscheidungen sehr bedeutenden Tempel auf dem kapitolinischen Hügel verehrt. An den *Ludi Romani* (vom 4. bis 19. September) wurde ihm zu Ehren gefeiert. Dank an Jupiter war fällig, weil nach ihm das Verbot des Meineids in der Liebe nicht galt. So hatte Jupiter auch seine Verbindung mit Io gegenüber seiner Gattin Juno geleugnet: Als Juno ihn mit der Geliebten überraschte, verwandelte er seine Geliebte Io in eine weiße Kuh.

5 Diktynna oder Britomartis gilt als uralte kretische Jagdgottheit und Nymphe, die von Minos verfolgt wird, dessen Liebe sie aber nicht erwidert, und zu ihrer Rettung ins Meer springt, wo sie von Fischernetzen aufgefangen wird. Diktynna hängt sicher mit dem kretischen Berg Dikte bzw. dem Vorgebirge Diktynnaion zusammen, wo Artemis Diktynna einen Tempel besaß. Die Pfeile der Diktynna sind auch ständiges Symbol der römischen Jagdgöttin Diana, die der griechischen Artemis entspricht, deren mythische Sagen die Römer mit Diana verbanden.

6 Minerva, italische Göttin in Rom aus dem südlichen Etrurien (Falerii), ist die Herrin des Handwerks und der Künste, des Spinnens und Webens. Seit dem Ende des dritten Jahrhunderts v. Chr. ist sie identisch mit der griechische Athene, der Tochter des Zeus. So ist Minerva wie Athene die Göttin der Weisheit, des Verstandes und Nachdenkens, der Künste und Wissenschaften, die Erfinderin des Öls, der Bearbeitung der Wolle und der Heilkunst. Auf dem Kapitol in Rom besaß Minerva gemeinsam mit Juno und Jupiter ihren Tempel.

7 Elis ist eine Landschaft im Westen der Peloponnes mit der Hauptstadt gleichen Namens, dem Schauplatz der olympischen Kampfspiele. Die Gegend um Elis war berühmt wegen der Zucht erfolgreicher Rennpferde, die im Kampf der Wagenrennen bei den olympischen Spielen häufig den Preis davontrugen.

8 Zu Bacchus s. 1,4,7, dazu Anm. 3.

9 »Phoebus« als Beiname des Apollo bedeutet ›der Reine, Strahlende‹. Als Gott des Lichtes steht er im Gegensatz zum Dunkel, als Gott des Reinen im Gegensatz zum Unreinen. Er ist der Sohn des Zeus und der Leto (lat. *Latona*), Zwillingsbruder der Artemis (lat. *Diana*), Erfinder der Kunst des Bogenschießens, der Weisheit, der Heilkunde, der Musik und der Dichtkunst. Der Berg Kynthos auf der Insel Delos war seine Geburtsstätte. Daher wird er der kynthische Gott oder der Delier genannt. Seit dem sechsten Jahrhundert v. Chr. ist seine Verehrung als Helios (Sonne) nachweisbar. In Rom ist die Übernahme des griechischen Gottes bereits zu Beginn des fünften Jahrhunderts v. Chr. vollzogen: 496 v. Chr. erfolgte die Befragung der Sibyllinischen Bücher und die Gelobung eines Tempels. Der Apollo-Kult in Kyme (Cumae) war mit dem Orakel der kymäischen (cumanischen) Sibylle verbunden.

10 Das Haar wurde bei der männlichen römischen Jugend gewöhnlich in einem Alter von sechzehn Jahren kurz geschnitten, wenn sie die *toga virilis* tragen durfte.

11 Die Pieriden sind die neun Musen als Töchter des Zeus und der Mnemosyne (Gedächtnis, Erinnerung) beim Göttermahl im Olymp, die dann auf Erden östlich der Olymp im thessalischen Pieria (westliches Makedonien) wohnen oder auf dem böotischen Helikon (mit der Quelle Hippokrene) oder dem Parnass bei Delphi (mit der Quelle Kastalia) anzutreffen sind. Hier tanzen und singen sie unter Führung des Apollo (Musagetes). Die Funktionen der neun Schwestern kommen in der bildlichen Darstellung durch entsprechende, mitunter allerdings wechselnde Attribute zum Ausdruck: Erato, Muse der Lyrik und Liebesdichtung, mit einem Saiteninstrument; Euterpe, Muse der mit Flötenspiel begleiteten lyrischen Poesie, mit der Doppelflöte; Kalliope, Muse epischer Dichtung und der Wissenschaft, mit Tafel oder Buchrolle und Griffel; Klio, Muse der Geschichtsschreibung, mit Griffel, Buchrolle und stets mit einer Bücherkiste; Melpomene, Muse des Gesangs und der Tragödie, mit tragischer Maske, Keule und mit einem Kranz aus Weinlaub geschmückt; Polyhymnia, Muse des ernsten, instrumental begleiteten Gesangs, ohne Attribute, bisweilen mit einer Buchrolle und stets in ernster, sinnender Haltung; Terpsichore, Muse des Tanzes, mit Lyra und Plektron, oft in tanzender Stellung; Thalia, Muse der Komödie, mit komischer Maske, Efeukranz und Krummstab; Urania, Muse der Astronomie, mit Himmelsglobus und Zeigestab.

12 Scylla, die Tochter des Königs Nisus von Megara, ist in Minos, den Belagerer der Stadt, verliebt. Nisus trägt eine purpurne Locke, an die seine Unsterblichkeit gebunden ist und auf der das Schicksal des Staates beruht. Scylla schneidet ihrem Vater die Locke im Schlaf ab und bringt sie Minos, dem es nun nach dem Tod des Nisus gelingt, Megara zu erobern. Minos lässt die Verräterin an das Heck seines Schiffes binden und durch das Meer schleifen. Der Mythos von Nisus und Scylla erinnert an den Glauben, dass dem Haupthaar des Menschen besondere Kräfte innewohnen, oder an die Vorstellung der in einem bestimmten Gegenstand auch außerhalb des Körpers gebannten Seele.

13 Pelops wird von seinem Vater Tantalus geschlachtet, gebraten und den Göttern als Speise vorgesetzt. Die Götter erkennen den Frevel. Pelops wird von den Göttern wieder zusammengesetzt und

zu neuem Leben erweckt. Nur hat Ceres in ihrer Trauer um die entführte Proserpina unachtsam ein Schulterstück des Pelops verzehrt: Dieses Schulterstück wird dann durch Elfenbein ersetzt, Tantalus aber wird bestraft (vgl. 1,3,77f., dazu Anm. 29).

14 Der hellenische Kult der Musen steht im Gegensatz zu dem orientalischen Kult einer orgiastischen Gottheit wie der phrygischen Kybele, der Ops gleichzusetzen ist. Ops, die Gattin des Saturn, ist die römische Göttin der Saaten, Ernten und aller Fruchtbarkeit, die zum Ende des dritten Jahrhunderts v. Chr. mit der nach Rom kommenden Kybele verschmolz. Kybele bzw. Ops wird als große Göttermutter vom Berge Ida (Magna Mater Deum Idea) bezeichnet, die aus Kleinasien als der angeblichen Heimat des römischen Volkes kam. Sie regiert auf Bergeshöhen, und Löwen und Panther ziehen den Wagen der Herrin aller Kreaturen. Kureten und Korybanten, der Kybele wesensähnliche Diener, begleiten sie mit rauschender Musik phrygischer Herkunft. Die phrygische Göttermutter, mit einer Mauerkrone versehen, schlägt selbst die Becken und begleitet damit die wilden Bewegungen ihres Gefolges vom Ida-Gebirge. Kybele-Priester und Gefolge überlassen sich wild ausgelassener Freude und bringen sich im orgiastischen Taumel Schnittwunden bei. Als bettelnde Derwische ziehen sie von Stadt zu Stadt. In Rom konnte sich der Kybele-Kult seit der Kaiserzeit in seinen ekstatisch-orgiastischen Formen frei entfalten.

15 Über Titius und seine Gattin ist weiter nichts bekannt.

16 Der Dichter zeigt sich hier als Lehrmeister in Liebesangelegenheiten, als *magister amorum*.

17 Marathus ist ein schöner Knabe, der Tibull entflammt, aber wenig Gegenliebe zeigt und ihn mit den Künsten quält, die dem Dichter abhanden gekommen sind. Marathus wird noch in 1,8,71 genannt.

1,5

1 Der heimliche Liebesbund wird wie eine Eheschließung als Vertrag angesehen, über den Venus wacht (7f.). Bricht die Geliebte den Vertrag, zürnt ihr Venus und erhört die Bitten des gekränkten Mannes.

2 Gebet, Sühnegänge, Opfer und Magie für die kranke Geliebte werden hier geschildert (9–18). Der Ritus des Sühnegangs verbindet Elemente der Religion und der Magie.

3 »Reiner Schwefel« meint hier reinigenden Schwefel (11). Nach der Tradition steht eine alte Frau für die Hexe, die vor dem magischen Geschehen mit magischem Gesang Zauberformeln spricht.

4 Ein dreimal gesprochenes Gebet und gesalzenes Opferschrot (eine Mischung von Speltschrot und Salzlake) gehören zum Opferritual (14). Die Drei ist eine magische Zahl.

5 Leinen und das ungegürtete Unterkleid sind bei religiösen Verrichtungen vorgeschrieben, weil während der Zeremonien nichts gefesselt, gebunden oder geknotet sein soll (15).

6 Die Gottheit der Unterwelt wird in der Nacht angerufen (16). Zu Hekate (lat. *Trivia*, Göttin der Dreiwege, daher *Diana Triviae*) s. 1,2,54, dazu Anm. 10. Neun Gelübde, die der magischen (ungeraden) Zahl Drei, die mit sich selbst vervielfacht wird, entsprechen, lassen hier größere Wirkungskraft erhoffen.

7 Zu Silvanus s. 1,1,14, dazu Anm. 7.

8 Zu Bacchus s. 1,4,7, dazu Anm. 3.

9 Zu Ceres s. 1,1,15, dazu Anm. 8.

10 Zu den Laren, zu den Ambarvalien und zu Pales s. 1,1,20, 22 und 36, dazu Anm. 11–13.

11 Zu Messalla s. 1,1,53, dazu Anm. 16.

12 Armeniens wohlriechende Fluren stehen für Assyrien, über das die Gewürze, Salben und Parfüms aus dem mittleren Orient nach Rom gelangten.

13 Delia soll ihn verhext haben.

14 Zarte Arme gelten in der Liebeselegie als Attribute der Schönheit.

15 Blondes Haar war in alter Zeit nicht nur selten, es galt auch als Merkmal besonderer Schönheit.

16 Die Schönheit Delias stellt der Dichter in einen mythischen Vergleich mit der Meeresnymphe Thetis, der bekanntesten der 50 Töchter (Nereiden) des Meeresgottes Nereus und der Okeanide Doris. Thetis, die ihren sterblichen Liebhaber Peleus besuchen will, wird bei ihrer Ankunft auf dem Rücken eines Delphins getragen oder von ihm gezogen. Dieses Bild erhöht die schöne Erscheinung Delias und entrückt sie der Realität.

17 Die Verfluchung der Kupplerin als Hexe kommt hier zur Sprache (49–56). Die umherflatternden Seelen der Liebhaber jagen die Kupplerin, die sie einst ruiniert hat (51). Die Gewalt ankündigende Eule ist Symbol für Tod und Verdammnis (52). Verbrennungsstätten und Gräber lagen draußen vor der Stadt, wo auch Wölfe

nach Knochenresten suchten; von Sinnen isst die Kupplerin dann
Kräuter, doch die Tatsache, dass sie sie an den Gräbern verzehrt,
stellt eine Verbindung von Verzweiflung und Sakrileg dar (53).
Wenn sie darüber hinaus von den Wölfen übrig gelassene Gebeine
sucht, so erscheint sie noch wilder als Wölfe, sie wird eine Kreatur
der Hekate und ist dann deren Hunden an den Dreiwegen ähn-
lich; sie muss als ein Opfer der Verzweiflung gelten, in welche sie
andere stürzte (54–56).

18 Die Römer dachten im Staatswesen, in der Religion und auch in
der Liebe in juristischen Kategorien (vgl. 1,5,7f., dazu Anm. 1).

19 Gemeint ist offenbar kein in Armut lebender Mann (vgl. 1,1,5,
dazu Anm. 2), sondern ein freigeborener Römer mit nur geringem
Vermögen, das große materielle Geschenke nicht erlaubt (61–66).
Die Geliebte dagegen wird mit großen Geschenken umworben,
ist aber eine Sklavin oder Freigelassene.

20 Zum Paraklausithyron-Thema sowie zum Motiv des *exclusus
amator* s. 1,1,55f., dazu Anm. 18 (67f.).

21 So vollzieht sich der Kreislauf der Liebe.

1,6

1 Zu Amor s. 1,3,57, dazu Anm. 18.

2 Zum Motiv des Lehrmeisters in Liebesdingen s. 1,4,1, dazu
Anm. 1; ferner 1,4,75, dazu Anm. 16.

3 Merkmale von Liebesbissen sind gemeint.

4 Zur Geheim- und Zeichensprache der Liebenden s. 1,2,21f., dazu
Anm. 4.

5 Bona Dea wurde bei den Römern als Fauna, Schwester oder Frau
des Faunus, des altitalischen Gottes der freien Natur, verehrt;
sie war also die Göttin der Fruchtbarkeit von Vieh und Feld.
An ihrem Kult und ihren Zeremonien durften nur Frauen teil-
nehmen. Anwesende Männer drohten mit Blindheit geschlagen
zu werden.

6 Der Dichter wird Delia lediglich bis zu einem Altar außerhalb des
eigentlichen Tempels folgen, um die Riten der Bona Dea nicht zu
entweihen.

7 »Der Gott selbst« ist hier wohl Amor.

8 Bellona ist die Personifizierung des Krieges (*duellum, bellum*),

Kriegsgöttin und Begleiterin oder Gattin des Mars, mit blutiger Geißel bewaffnet. In ihrem Tempel auf dem Marsfeld versammelte sich der Senat, um Konsuln, die Anspruch auf einen Triumph erhoben, Audienz zu gewähren, da diese nicht in die Stadt kommen sollten. Die Priester oder Priesterinnen der Bellona pflegten sich bei den Opfern selbst in die Arme oder Füße zu ritzen, um dann das Blut der Göttin darzubringen oder es selbst zu trinken.

9 »Ungestraft« meint hier, dass die Priesterin sich selbst mit der Axt schlägt, ohne dabei Schaden durch Verletzungen zu nehmen.

10 Eine bewegende Schilderung der prophetischen Ekstase einer Priesterin und ihrer Orakelsprüche wird hier geboten (43–55): Die altrömische Kriegsgöttin hatte zur Kaiserzeit einen orgiastischen Kult. Ihre Priester und Anhänger waren im Zustand der Verzückung ohne jede Empfindung für Verwundung. Unter Begleitung von Lärminstrumenten steigern sie sich in Tänzen bis zur Ekstase, schlagen sich mit der rituellen Doppelaxt in Arme und Schenkel, stoßen sich Speere in die Brust, lassen das Blut auf das Bild der Göttin spritzen und sprechen ihre Orakel aus (vgl. 1,4,69 f., dazu Anm. 14).

11 »Goldwert« oder »golden« ist oft ein Attribut verführerischer weiblicher Schönheit, hier jedoch der Wert sittlich guten Charakters.

12 Tibull hat ein gutes zwischenmenschliches Verhältnis zu den Angehörigen seiner Geliebten Delia, hier zu ihrer Mutter, die in etwas bedenklicher Weise – vergleichbar einer Kupplerin – das Liebesverhältnis ihrer Tochter zu dem Dichter aufseiten des Liebhabers tatkräftig unterstützt (vgl. 1,6,59–62).

13 »Gäbe es nur die Erlaubnis« will sagen: wenn es nicht gegen die Gesetze der Natur ginge.

14 Kopfbinde und langes Gewand waren bestimmende, den freigeborenen römischen Frauen vorbehaltene Kleidungsmerkmale. Die Tatsache, dass Delia beides nicht besitzt, scheint sie in die Klasse der Freigelassenen einzuordnen, deren sexuelle Zügellosigkeit berüchtigt war. Obwohl Delia also keine Dame der feinen Gesellschaft ist und die Gelegenheiten, durch Versuchung zu Fall zu kommen, zahlreich sind, soll sie dennoch sittsam bleiben.

15 Er soll keine andere loben, ohne dass Delia seine Augen mit Angriff bedroht, d. h. ohne dass sie ihm die Augen auskratzen wird.

16 Weben und Spinnen sind sonst normale Symbole der Sittsamkeit und der Keuschheit (77–80; vgl. 1,3,83–86). Hier muss die in jungen Jahren treulose Frau als zittrige Greisin diese Arbeiten in ihrer Not und Verlassenheit nachholen.

17 Der Name »Delia« erscheint hier zum letzten Mal im überlieferten Werk Tibulls.

1,7

1 Die römische Parze war ursprünglich Geburtsgöttin, später der griechischen Moira gleichgesetzt. Die Dreizahl der Parzen ist auch von den Griechen übernommen: Die Moiren Klotho, Lachesis und Atropos, Töchter des Zeus und der Themis, wurden mit dem Bild des Lebensfadens in Zusammenhang gebracht. Sie sind bei der Geburt anwesend und singen den Lebenslauf des Neugeborenen; Klotho spinnt den Faden, Lachesis teilt das Lebenslos zu und erhält den Lebensfaden durch alle Zufälligkeiten hindurch, Atropos, die Unabwendbare, durchschneidet ihn.

2 Mit »diesem Tag« der Geburt braucht nicht zwingend dasselbe Datum gemeint zu sein wie das von Messallas Sieg (30 v. Chr.) oder seinem darauf folgenden Triumph (25. September 27 v. Chr.).

3 Die Aquitanier waren ein Stamm in Südgallien, begrenzt im Süden durch die Pyrenäen, im Westen durch den Golf von Biskaya, im Osten von der Garonne.

4 Der Atax heißt heute Aude, ein Fluss im Languedoc.

5 Der Plural von Triumphzug ist poetisch zu erklären, weil er eine Serie von Schauplätzen einbezieht. Ein Triumph ist der feierliche Einzug des Feldherrn und seiner Soldaten in Rom, den der Senat dem Feldherrn nach einem wichtigen Sieg zugesteht. Dabei fährt der Triumphator, in die *toga picta* und *tunica palmata* gekleidet und mit rot gefärbtem Gesicht, einen Lorbeerkranz auf dem Haupt und einen elfenbeinernen Stab oder das Zepter in der Hand, auf einem mit weißen Pferden bespannten Wagen. Vor dem Wagen werden Gefangene und an den Armen gefesselte besiegte Heerführer und Beutestücke mitgeführt. Die siegreichen Soldaten folgen dem Wagen, wobei sie »io, triumphe« rufen und im Wechsel Lob- und lustige Spottlieder auf den Sieger erschallen lassen. Im feierlichen Aufzug holt der Senat ihn ein und geleitet ihn bis zum Kapitol hinauf zum Tempel des Jupiter Optimus Maximus, wo die Zeremonie ihren Abschluss findet.

6 Gemeint ist Messalla als Triumphator nach seinem bedeutenden Sieg über die Aquitanier (vgl. 1,1,53, dazu Anm. 16). Auf seinem Zug in den Orient marschierte er mit seiner Armee durch Kilikien, Syrien, Phönizien und Ägypten.

7 Messallas Triumphgefährt wird hier als mit Elfenbein und Gold verziert dargestellt.

8 Die tarbellische Bergkette bildet den westlichen Teil der Pyrenäen.

9 Die Santonen, ein aquitanischer Stamm, lebten in der heutigen Provinz Saintonge nahe dem Mündungsgebiet der Garonne.

10 Die Saône, die sich mit der Rhone vereinigt, wird hier angesprochen.

11 Der gallische Stamm der Carnuten war in dem Gebiet des heutigen Chartres ansässig.

12 Der vom Dichter reichlich mit Epitheta geschilderte Cydnus (heute Tersus-Chai) ist der Hauptfluss im alten Kilikien.

13 Der Taurus (heute Bulgar Dagh) ist ein 3352 m hoher Gebirgszug Kilikiens in Kleinasien. Er wurde bis in große Höhen beackert und bepflanzt.

14 »Ungeschoren« meint bärtig, naturbelassen, unkultiviert, stark und wild.

15 Die weiße Taube war der syrisch-phönizischen Gottheit Astarte (Isis) ebenso geweiht wie der griechischen Göttin Aphrodite, die ihr gleich ist. Weiße Tauben sind deshalb einem Syrer heilig und unantastbar.

16 Palästina bezeichnet hier lediglich ein Gebiet im alten Syrien.

17 Tyros war eine alte Handelsstadt in Phönizien. Wenn die Phönizier auch die berühmtesten Seefahrer und Kaufleute der Antike waren, so wird doch der spezielle Ruhm, die Seefahrerei erfunden zu haben, weit öfter den Ägyptern zugeschrieben. In dieser Elegie beweist Tibull seine Vorliebe für das Thema des Erfinders (griech. *heuretes*), des ersten Entdeckers, Retters und Erneuerers.

18 Der Nil mit seinen Geheimnissen, seinem Ursprung und seinen Fruchtbarkeit bringenden Überschwemmungen im Wüstengebiet zu trockenster Jahreszeit stellte in der Antike seit Herodot eine Herausforderung für die Schriftsteller dar.

19 Sirius, Sternbild des Hundes, ist zur heißesten Sommerzeit sichtbar (vgl. 1,1,27; 1,4,6, dazu Anm. 2).

20 »Vater« ist ein herkömmliches Epitheton für Flussgötter.

21 Mit dem Namen »Regenspender« gibt Tibull als Erster unter nur
   wenigen Autoren Jupiter seine eigentliche Bedeutung wieder,
   wenn er die Übersetzung von *Zeus Yétios* aus dem griechischen
   Bereich an die Stelle des im Lateinischen üblichen *imbrificator*
   setzt.

22 Die alljährlichen Trauergesänge für Osiris-Apis waren kunstvolle
   Antiphonien, keine spontanen Klagerufe.

23 Osiris ist eins mit dem Nil, beide sind Bruder und Gatte der Isis
   (vgl. 1,3,23, dazu Anm. 11). Er ist für die Menschheit ein Erfinder
   (vgl. 1,7,20, dazu Anm. 17) wie bei den Griechen die Gottheiten
   Triptolemos, Demeter und Bakchos; als Gott der Vegetation ist er
   auch Begründer des Ackerbaus mit der Pflugschar, des Pflanzens,
   Säens, Züchtens und Erntens. Hinsichtlich des Weinbaus ist
   Osiris das ägyptische Pendant zu Dionysos bzw. Bakchos. Osiris
   findet seine Verkörperung im Apis-Stier und damit seine Verbindung zu Serapis, jener hellenistisch-ägyptischen Gottheit,
   deren Kult in den Tempeln von Memphis überliefert ist, die
   über den Grabkammern einbalsamierter Stiere stehen. Osiris ist
   als Fruchtbarkeitsspender der Nil und als Vegetationsgott Apis
   (als Serapis).

24 Tibull wechselt von dem Erfinder Osiris zu der Wirkungskraft
   seiner Erfindung, hier des Weines, der die Menschen zu Tanz und
   Gesang bringt.

25 Die Kraft des Weines macht den Menschen frei von seinen Sorgen.
   Osiris ist Bacchus (Dionysos, Liber). Aber die Herstellung des
   Weins, eine spezielle Wohltat des Kulturheros Bacchus, erfordert
   schwere Arbeit des Bauern und bringt harte Zeiten. Der Wein als
   Ergebnis aller Mühen verschafft nur zeitweise Erleichterung.

26 Harte Sorgen und Trauer passen nicht zu dem das Lachen liebenden Bacchus bzw. zu Osiris (43–48). Seine äußerlichen Attribute
   sind festlich und ein Kontrast zu traurigen Sorgen.

27 Efeuranken sind das Emblem des Bacchus bzw. Osiris: Seine Stirn
   ist umwunden von Blütentrauben des Efeus.

28 Die goldgelbe Farbe ist eine Festfarbe.

29 Das lange Festkleid, bis zu den Füßen wallend, trugen die Röme-
   rinnen, aber auch die Schauspieler in Tragödien und die Gottheiten: An dieser Stelle soll die Weiblichkeit des Osiris heraus-
   gestellt werden.

30 Purpurne Gewänder aus Tyros waren kostbar und passend zu
   festlichen Gelegenheiten.

31 Die Flöte, ursprünglich wohl aus langen Röhrenknochen gefertigt, wird oft Bacchus bzw. Osiris zugeordnet, also bei frohen Anlässen verwendet.

32 Die leichte Lade aus Weidengeflecht barg die geheimnisvollen Objekte der Osiris-Mysterien für die Eingeweihten, denen sie gezeigt wurden. Der Allgemeinheit waren die Gegenstände unbekannt und blieben ihr verborgen.

33 Osiris wird eingeladen, an den Feierlichkeiten für den Genius, den Schutzgeist des Messalla, teilzunehmen. Der Genius ist der Leben spendende Schutzgeist, der über die menschliche Natur waltet, bei der Erzeugung und Geburt des Menschen wirkt und entsteht, als sein Schutzgott ihn durchs Leben begleitet, sein Schicksal bestimmt und nach dem Sterben des Menschen schließlich als Lar fortlebt (vgl. 1,1,20, dazu Anm. 11).

34 Das Öl tropft von seinem glänzenden Haar, d. h. vom Haupt oder vom Haupt der Statue des Schutzgottes.

35 Das Haupt, gekrönt von weichem Kranz, verbindet den Schutz-Genius mit dem triumphierenden Messalla und dem prächtig gekleideten Osiris.

36 Der Sprecher wendet sich an den Genius des Messalla (53f.).

37 Attischer Honig vom Berg Hymettos war sehr begehrt.

38 Der Sprecher wendet sich an Messalla (55–62).

39 Messalla hatte von seiner ersten Frau Calpurnia den Sohn Marcus Valerius Messalla Messallinus (geb. 39 v. Chr.), der in das Kollegium der *quindecimviri sacris faciundis* erhoben wurde (vgl. 2,5). Mit der zweiten Frau Aurelia hatte er die Tochter Valeria Messallina und seinen zweiten Sohn Marcus Aurelius Cotta Maximus, Konsul im Jahr 20 n. Chr.

40 Augustus forderte nach Beendigung der Bürgerkriege seine Generäle zur Mitarbeit an seinem Programm zur Erneuerung der Überlandstraßen auf. Die Kosten dafür sollten sie aus den immensen Gewinnen ihrer Kriegsbeute bestreiten. Messalla war der Teil der Via Latina zugewiesen, wo sie Rom bei der Porta Capena in südöstlicher Richtung verlässt und über die Albaner Berge zwischen Tusculum und Alba Longa verläuft, von wo aus sie sich dann weiter parallel zur Via Appia erstreckt, bis sie sich schließlich bei Benevent mit ihr verbindet. Messalla hat den Straßenbau (in den Jahren nach 29 v. Chr.) wahrscheinlich mit seiner Aquitanierbeute finanziert.

41 In Tusculum besaß Messalla ein Landhaus.

42 Alba Longa ist die der Sage nach von Ascanius erbaute älteste lateinische Stadt auf einem Hügelrücken am Albaner See, nahe dem höchsten Gipfel des *mons Albanus*. Sie ist die Mutterstadt der Römer.

43 Auch der einfache Bauer singt ein Loblied auf Messalla; gleich einem Osiris bzw. Bacchus hat auch Messalla ihm geholfen: Der Heimweg nach den Geschäften in Rom ist durch die Erneuerung der Straße leichter gemacht (61 f.).

1,8

1 Die Zeichen- und Geheimsprache der Verliebten wird hier geschildert (1 f.; vgl. 1,2,21 f., dazu Anm. 4).

2 Tibull als Experte in Liebesangelegenheiten benötigt keine Hilfe von Wahrsagern und Zauberern, um die Zeichen der Liebe zu deuten (3 f.; vgl. 1,3,11 f., dazu Anm. 6 [Losorakel], ferner 1,3,17, dazu Anm. 7 und 8 [Vogel- und Eingeweideschau]).

3 Zu Venus s. 1,2,36, dazu Anm. 6.

4 Gefesselt von dem Zauber der Liebesgöttin Venus hat Tibull wie ein ausgepeitschter Sklave seine Erfahrungen in Liebesdingen gemacht und Lehren daraus gezogen (5–8).

5 Wie Venus mit ihren Schlägen brennt auch Amors Feuer der Liebe Unwillige eindringlicher als andere (7 f.).

6 Gemeint ist wohl die erst in Vers 69 genannte Pholoe, die Geliebte des schönen Marathus, die dessen Liebe verschmäht. Pholoe wirkt mit dem Zauber ihrer natürlichen Schönheit.

7 Vers 17–22; vgl. 1,2,44–52, dazu Anm. 8 [Hexen und Zauberei].

8 Wenn der Mond sich verfinsterte, glaubte man an ein Zauberwerk der Hexen. Mit Lärminstrumenten versuchte man, die Hexen zu vertreiben. Der Mond, der auf einem Wagen unaufhaltsam seine Fahrt fortsetzt, kann durch Zauber nur scheinbar aus der Bahn geworfen werden (21).

9 Zur Funktion des Gongs, der Metallklapper und des kupfernen Beckens (22) s. 1,3,23–34, dazu Anm. 11, ferner 1,4,68–70, dazu Anm. 14.

10 Der Dichter richtet diese Verse direkt an Marathus, den er nur in Vers 49 und 71 dieser Elegie und in 1,4,81 (vgl. dazu Anm. 17) beim Namen nennt (7–26).

11 Zu der besonders zauberhaften Anziehungskraft natürlicher körperlicher Schönheit s. 1,5,41–46, dazu Anm. 9–12. Schönheit braucht keine magischen Hilfsmittel zu bemühen. Diesem Zauber der Berührung mit der schönen Erscheinung der Geliebten, der liebeskrank macht, erliegen der Dichter Tibull und sein schöner Geliebter Marathus (23–26).

12 Venus wird die Rolle der Rachegöttin Nemesis übernehmen, für die richtige Verteilung von Glück und Recht sorgen und jede menschliche Überheblichkeit (Hybris) strafen (28).

13 Tibull spricht sich hier gegen die käufliche Liebe aus (29–40; vgl. auch 1,4,57–62).

14 Pholoe ist angesprochen: Venus wird ihr helfen, Marathus zu lieben (34–38; vgl. 1,6,13 f., dazu Anm. 3).

15 Winterkälte ist hier nicht nur der zeitliche Umstand, sondern auch die seelische Verfassung: die Herzenskälte als Grund erzwungenen Alleinseins.

16 Tibull richtet eine Warnung an Pholoe, dass Perlen und Edelsteine ohne Liebe wertlos seien; er wünscht, dass es ihr nicht so ergehe wie einer betagten Kurtisane, die der Dichter hier bildhaft beschreibt (39–42).

17 Tibull meint hier nicht so sehr die grüne Farbe als solche, sondern betont eher das junge Alter und dessen Frische, also Jugend und Verjüngung.

18 Auch Gott Amor gibt wie Venus den Verliebten Mut und Kraft, ihr geliebtes Ziel zu erreichen.

19 Der Dichter stellt Marathus als Abbild seiner selbst dar: Er ist kundig in Liebesdingen (*praeceptor amoris*), ein idealer Liebhaber und durch Leid in der Liebe erprobter Mann (55–66; vgl. 1,2,16–24, dazu Anm. 3).

20 Marathus ist der direkte Adressat.

21 Pholoe wird hier erstmalig mit Namen angesprochen.

22 Gott als Rächer und Gott der Vergeltung war allgemein der Kriegsgott Mars, aber Amor und Nemesis wurden ebenfalls als rächende Gottheiten (*dei ultores*) angesehen.

23 Die Bestrafung der Übermütigen, Spröden und Spötter wird hier thematisiert (69–77). Marathus ist desselben Übermuts schuldig, den Pholoe ihm gegenüber an den Tag legt. Ein Beispiel mag die abweisende Art des schönen Marathus sein, die er dem Liebeswerben des Dichters Tibull entgegensetzt (vgl. 1,4,81 f., dazu Anm. 17).

24 Pholoe wird noch die Tage flehentlich zurückwünschen, an denen sie das Werben und die Ratschläge ihres Liebhabers hätte annehmen und befolgen können; sie jedoch verschmähte ihn (78).

1,9

1 Zu Venus s. 1,2,36, dazu Anm. 6.
2 Hier und im Folgenden ist möglicherweise der Gott Amor gemeint, obwohl in Vers 4 auch schon die Göttin der Strafe erwähnt worden ist. Ebenso lässt sich auch – im Vorgriff auf die folgenden Distichen – an den Gott Bacchus denken.
3 Kampanien ist das fruchtbare, meist ebene, aber von vulkanischen Höhen durchsetzte Gebiet um den Sinus Cumanus (Golf von Neapel). Die Fruchtbarkeit des Bodens machte Kampanien zu einer Kornkammer Italiens, kampanische Rosen wurden in Capua zu Parfüm verarbeitet; dort war auch Metallindustrie, in Puteoli Glasindustrie ansässig.
4 Zu Bacchus s. 1,4,7, dazu Anm. 3.
5 Der *Falernus ager*, das Gebiet zwischen dem Mons Massicus und Volturnus im Norden Kampaniens, ist berühmt für Wein- und Obstbau (vgl. Plin. nat. 14,62; 15,53).
6 Zu den auch »Pieriden« genannten Musen s. 1,4,61, dazu Anm. 11.
7 Vulcanus wurde von den Etruskern übernommen und später dem griechischen Hephaistos gleichgesetzt. Wie Hephaistos ist Vulcanus das Element des Feuers selbst und zugleich der Herr des Feuers sowie der kunstfertige Schmied. Das Volcanal, eine überdachte Feuerstelle neben dem Comitium, war die älteste Kultstätte des Gottes in Rom. Einen Tempel hatte Vulcanus auf dem Marsfeld, wo auch das Hauptfest des Gottes, die Volcanalia, am 23. August stattfand. Dabei wurden lebende Tiere (Fische) ins Feuer geworfen.
8 Lucifer ist der Morgenstern, der Künder des Tages, der aus dem Persischen Golf aufsteigt und den Tag hervorruft. Das Motiv seines Wagens, das ohne Zweifel hellenistischen Ursprungs ist, erscheint hier das erste Mal in der römischen Dichtung und bleibt auf die römischen Poeten beschränkt. Indem Tibull den Morgenstern in einem Wagen fahren lässt, bringt er ihn mit jenem Bild in Verbindung, das gewöhnlich den Aufgang der Sonne illustriert.

Tibull war offenbar der Ansicht, dass sich Lucifer ebenso wie die übrigen Planeten kreisend bewege.

9 Zu Tyros bzw. den von dort herkommenden Gewändern s. 1,7,46, dazu Anm. 17 und 30.

10 Der Palmzweig war gemeinhin ein Symbol des Sieges.

11 Mit der angeredeten Göttin ist Venus gemeint.

1,10

1 Zu den Laren s. 1,1,20, dazu Anm. 11.

2 Zum Kranz aus Ähren s. 1,1,15f., dazu Anm. 9.

3 Bei Gebeten wurden als Gaben auch Weihrauch und in Honig getauchte Opferkuchen dargebracht. Honig wurde in der Antike aufgrund seiner Reinheit und heilsamen Wirkung geschätzt.

4 Das Schlachten eines Schweines stellte das vornehmliche Opfer der Römer für die Laren dar. Das Opfertier wurde beim Gebet geschlachtet, um die Götter zu besänftigen, oder es wurde ihnen dargebracht, wenn bestimmte Ereignisse glücklich verlaufen waren.

5 Die Körbe wurden aus Schilfrohr geflochten und trugen Ausrüstungsgegenstände der Zeremonie. Die Myrte war nicht nur die Pflanze der Venus, sondern speziell auch den Laren geweiht. Zur Bedeutung der Myrte s. 1,3,66, dazu Anm. 22.

6 Der italische Bauerngott Mars, zu dem man um gedeihliches Wachstum in Feld und Stall betete, wurde in Rom zum Kriegsgott. So konnte er wie der griechische Ares als reiner Kriegsgott aufgefasst werden und dessen Stelle unter den Zwölfgöttern einnehmen. Die Römer verehrten in Mars als Vater des Romulus und Remus ihren Ahnherrn. Neben Jupiter und Quirinus wurde er der wichtigste Nationalgott, der dem Volk von Rom in seinen zahlreichen Kämpfen Sieg verleihen und den römischen Staat schützen sollte.

7 Zu Cerberus s. 1,3,71, dazu Anm. 25.

8 Damit ist Charon, der Fährmann in der Unterwelt, gemeint, der die ihm zugeführten Toten über die Unterweltströme (besonders die Styx) an das Tor des Hades bringt (vgl. 1,3,68, dazu Anm. 23). Die Etrusker stellten Charon besonders hässlich, als rotäugigen, schlangenhaarigen, hammerschwingenden Würger dar. In den Darstellungen der römischen Dichtung ist im Wesentlichen nur

das Äußere abstoßend. Lebende darf Charon nicht übersetzen. Bedingung für die Überfahrt waren die Bestattung auf der Oberwelt und die Entrichtung des Fährlohns. Dem Toten wurde deshalb ein Obolus unter die Zunge oder zwischen die Zähne geschoben.

9 Pax wurde als römische Friedensgöttin der griechischen Eirene gleichgesetzt. Sie wurde seit dem Ende der Bürgerkriege in Rom verehrt. Anlässlich der Rückkehr des Kaisers Augustus aus Spanien und Gallien (13 v. Chr.) wurde die Ara Pacis Augustae (Altar der kaiserlichen Friedensgöttin) auf dem Marsfeld in Rom erbaut und vier Jahre später eingeweiht. Kaiser Vespasian erbaute 75 n. Chr. den berühmten Tempel der Pax.

10 Zu Venus s. 1,2,36, dazu Anm. 6.

11 In Friedenszeiten geht die Obsternte der Getreideernte voraus. Diese Beschreibung des Friedens folgt eng seiner herkömmlichen Darstellung in der Kunst.

Zweites Buch

2,1

1 Das hier beschriebene ländliche Fest dürfte nicht die sog. Ambarvalien meinen (vgl. 1,1,22, dazu Anm. 12), welche ebenfalls zur Entsühnung der Feldmark öffentlich begangen wurden. Das *segetes lustrantur* der Bauernkalender im Mai, das in privaten Flurumgängen bestand, und die Umgänge der einzelnen Bauerngemeinden sind mit dem Staatsfest der Ambarvalien also nicht zu verwechseln, doch wäre ein zeitliches Zusammentreffen beider Feste nicht unwahrscheinlich. Beide Zeremonien zeichnete es jedenfalls aus, dass eine Prozession aus Opfertieren entlang den Landgrenzen geführt wurde, die es zu entsühnen galt. Diesem Zug folgten die mit Olivenzweigen umkränzten und feierlich gekleideten Landleute. Am Ende des dritten Ganges wurden die Opfertiere zu einem Altar geführt und geopfert, worauf entsprechende Gebete dargebracht wurden.

2 Zu Bacchus s. 1,4,7, dazu Anm. 3.

3 Zu Ceres s. 1,1,15, dazu Anm. 8.

4 Zu Venus s. 1,2,36, dazu Anm. 6.

5 Ein Kranz aus Olivenzweigen schmückte auch die Priester der Marser, einer sabellischen Völkerschaft, die als Zauberer galten, sowie die Diener derjenigen, die einen Triumph feierten. Die Verbindung von reicher Ölproduktion mit einer fruchtbaren Landschaft wird an dieser Stelle besonders deutlich.

6 Bei den Belustigungen, die der Zeremonie folgten, baute die Schar der Sklaven auch kleine Hütten, die vermutlich als Schutz gegen die Sonne dienen sollten, obwohl die gewöhnliche Bedeutung von *virga* (Zweig, Rute, Gerte) gegen eine solche Interpretation spricht. Die Sklaven waren jedenfalls – wie die Pflüger und Zugtiere – von aller Arbeit entbunden.

7 Zur Eingeweideschau s. 1,8,3, dazu Anm. 8.

8 Zum *Falernus ager* s. 1,9,34, dazu Anm. 5. – Wein wurde nach dem Konsul des Jahres, aus dem er stammte, benannt. An dieser Stelle wird der Konsul des Erntejahres aber nicht explizit genannt und kann darum kaum bestimmt werden.

9 Der aus Griechenland stammende Chierwein, der gemeinhin als milde galt, wurde oft mit dem stärkeren Falernerwein gemischt.

10 Zu Messalla s. 1,1,53, dazu Anm. 16.

11 Zu Messallas Sieg über die Aquitaner s. 1,7,3–8, dazu Anm. 3–7.

12 Mit dem heißen Gestirn ist der Hundsstern gemeint, dessen Erscheinen den Höhepunkt der Sommerhitze ankündigte (vgl. 1,1,27; 1,4,6, dazu Anm. 2).

13 Zum zeremoniellen Gebrauch von roter Farbe bei Triumphzügen s. 1,7,5–8, dazu Anm. 5, zur Verwendung bei Götterfesten s. 1,1,17, dazu Anm. 10. Die Farbe als primitiver Vorläufer der Maske wurde später im alten Satyrspiel der Griechen verwendet, von welchem wiederum die Tragödie als Kunstform ihren Ausgang nahm.

14 Zu den Laren s. 1,1,20, dazu Anm. 11.

15 Zu Minerva s. 1,4,26, dazu Anm. 6.

16 Die Steinchen dienten vermutlich als Gewichte, die die Fäden der Kette in der Senkrechten hielten. Der antike Webstuhl war vertikal ausgerichtet, sodass die Kette vom oberen Weberbaum senkrecht herabhing. Immer wenn der Faden des Einschlags mit dem Weberschiffchen durch die Fäden der Kette geführt wurde, stießen die Gewichte aneinander und gaben so einen Ton von sich.

17 Zu Cupido bzw. Amor s. 1,3,64, dazu Anm. 18.

18 Innerhalb der hellenistischen und römischen Dichtung bildet die
Fackel neben Pfeil und Bogen eines der gängigen Attribute Cupi-
dos bzw. Amors. Mit ihr entzündet er die Herzen der Liebenden
zur Leidenschaft.

19 Die phrygische Flöte bestand aus einer geraden, hölzernen Röhre,
die an ihrem Ende ein gekrümmtes Stück aus Horn oder Metall
aufwies. Sie fand häufig Verwendung bei den Kultfeiern zu Ehren
der phrygischen Göttin Kybele (vgl. 1,4,68, dazu Anm. 14).

20 Der Wagen und die Pferde der Nacht sind ein gängiges Motiv in
der antiken Dichtung und Kunst. Die Sterne als die Kinder der
Nacht bilden ebenfalls einen antiken Topos. Die Kombination
beider Motive scheint aber Tibulls Erfindung zu sein.

2,2

1 Der Genius oder Geburtsgott gilt als die vergöttlichte Zeu-
gungskraft des Mannes. Jeder Mann hat so seinen Genius wie
jede Frau ihre Juno. Als genetisches Fruchtbarkeitsprinzip ge-
währleistet der Genius durch das Individuum, zu dem er gehört,
die Fortdauer der Geschlechter. Vom Genius eines Toten ist
nie die Rede. Dem Genius des *pater familias* ist ein Kult am
häuslichen Herd gewidmet. Sein großes Fest ist der Geburtstag
des Hausherrn.

2 Weihrauch ist ein wegen seines Wohlgeruchs von vielen Völkern
meist in besonderen Geräten verbranntes Harz, das durch Einrit-
zen aus den Boswellia-Sträuchern gewonnen wird. Bei den Griechen wurde Weihrauch als Wohlgeruchsopfer verbrannt, während
er in Rom bei öffentlichen und privaten Opfern, besonders im
Toten- und Kaiserkult Verwendung fand, über den er schließlich auch in den christlichen Kirchen, bei Gottesdiensten, Bestat-
tungen und Prozessionen eingebürgert wurde.

3 Die Schriftsteller der klassischen Latinität schreiben den orientalischen Völkern gemeinhin eine weichliche Art zu. Arabien
galt auch als das Land des Parfüms (vgl. 1,3,7, dazu Anm. 5).

4 Das Öl, das aus der Wurzel der Nardenpflanze gewonnen wurde,
galt in der Antike als besonders beliebt und wurde zu Anlässen
wie dem in diesem Gedicht beschriebenen verwendet. Die Reinheit des Öls entsprach dem feierlichen Anlass.

5 Zu den dargebrachten Opferkuchen s. 1,10,23, dazu Anm. 3.

6 Das Geburtstagsgedicht richtet sich an Cornutus, der als Freund Tibulls gerade geheiratet hat. Näheres lässt sich über diesen jungen Mann nicht in Erfahrung bringen.

7 Das hier angesprochene Meer ist der Persische Golf, nicht aber das heutige Rote Meer. Die Röte wurde ihm zugesprochen, da man glaubte, dass in diesem Teil der Welt der Strand mit Juwelen und Perlen übersät sei, die die See angeschwemmt habe.

8 Zu Amor s. 1,3,64, dazu Anm. 18.

9 Die goldgelbe Farbe wird gewöhnlich als Wahrzeichen festlicher Anlässe, etwa einer Hochzeit, verstanden und soll Freude sowie Glück bedeuten (vgl. 1,7,46, dazu Anm. 28).

2,3

1 Zu Cornutus s. 2,2,9, dazu Anm. 6.

2 Zu Venus s. 1,2,36, dazu Anm. 6.

3 Admetos ist der Sohn des Pheres sowie der Klymene und herrscht als König im thessalischen Pherai. In seinem Haus war Apollo zur Sühnung des Kyklopenmordes Knecht, nach einigen Autoren sein Liebhaber. Bei der Bewerbung um die Hand der Peliastochter Alkestis wird Admetos von Apollo unterstützt, der ihm hilft, die von Pelias gestellte Aufgabe zu erfüllen. Als Admetos bald nach der Hochzeit sterben soll, weil er vergessen hat, der Artemis zu opfern, erwirkt Apollo von den Moiren, dass er weiterleben darf, wenn sich ein anderer für ihn opfert. Die Eltern weigern sich, aber Alkestis ist bereit. Trotz seiner Trauer erfüllt Admetos die Pflichten der Gastfreundschaft gegenüber Herakles, der auf dem Weg zu Diomedes vorbeikommt; als jener jedoch vom Tod der Alkestis erfährt, begibt er sich an deren Grab und erzwingt von Thanatos die Herausgabe der Toten.

4 Zu Apollo s. 1,4,37, dazu Anm. 9.

5 Auf die ungeschorenen Haare des Apollo als Pracht seiner unsterblichen Jugend und Schönheit wird häufig angespielt (vgl. 1,4,37f., dazu Anm. 10).

6 Apollo erscheint hier in der Rolle des Hirten, der eigenen Käse herstellt. Die Darstellung dieser Szene bei Tibull leidet unter einer unsicheren Textbasis.

7 Die Zwillingsschwester Apollos, Artemis (lat. *Diana*), ist gemeint. Die Tochter des Zeus sowie der Leto erscheint in der grie-

chischen Dichtung als unnahbare Jungfrau, als bogenbewehrte Jägerin und als Todesgöttin. Dies sind allerdings nur Teilaspekte einer aus dem Kultbestand erschließbaren, weitaus umfassenderen Wesenheit, deren Hauptmerkmale Artemis als Tierherrin, jungfräuliche Geburtshelferin sowie tötende und lebengebende Muttergöttin ausweisen.

8 »Latona« ist der lateinische Name für die griechische Göttin Leto, die Mutter des Apollo. Als Leto von Zeus mit den göttlichen Zwillingen Apollo und Artemis schwanger ist, verweigert ihr alle Welt auf Veranlassung der eifersüchtigen Hera ein Obdach für die Entbindung. Nur die Insel Delos, die bis dahin ebenso unstet war wie die Göttin, gewährt Leto ein Asyl. Seither ist Delos im Meer fest verankert. Nun versucht Hera noch mit Hilfe der Geburtsgöttin Eileithyia, die Entbindung der Leto zu verzögern. Nach Geburtswehen von neun Tagen und neun Nächten erblicken die göttlichen Zwillinge endlich das Licht der Welt.

9 Die Stiefmutter ist die eifersüchtige Hera (lat. *Iuno*).

10 Zu »Phoebus« als einem Beinamen des Apollo s. 1,4,37, dazu Anm. 9.

11 Delos gilt nicht nur als Geburtsinsel der Zwillinge Apollo und Artemis (vgl. Anm. 8), sondern beherbergt – ebenso wie das phytische Delphi – auch ein Apollo-Orakel.

12 Zu Cupido bzw. Amor s. 1,3,64, dazu Anm. 18.

13 Zum eisernen Zeitalter, das dem goldenen gegenübersteht, s. 1,3,18, dazu Anm. 9; ferner 1,3,35–48, dazu Anm. 15.

14 Zu diesem Flächenmaß s. 1,1,2, dazu Anm. 1.

15 Der fremdländische Stein verweist auf die bekannte Vorliebe der Römer für teuren Marmor verschiedenster Färbung, der zumeist von weither herangeschafft werden musste, um verbaut zu werden. Dieser ausgefallene Geschmack trug entscheidend zur Großartigkeit des Erscheinungsbildes der Metropole bei.

16 Der Dichter scheint hier den Transport einer einzelnen riesigen Säule vor Augen zu haben, welche von unzähligen Gespannen durch die Straßen Roms gezogen wird. Dass es sich dabei um tausend Gespanne handeln soll, muss als dichterische Hyperbel gelten, die der Unangemessenheit des Vorgangs entspricht (vgl. 1,3,50).

17 Hier wird auf die Gewohnheit reicher Römer angespielt, sich private Teiche für Salzwasserfische anzulegen, indem ein Teil des

küstennahen Meerwassers durch eine Art Mole eingeschlossen wurde. Damals war es üblich, eine Villa am Meer mit einem solchen Teich zu versehen.

18 Die preiswerte, aber ansehnliche Töpferware aus Samos und Cumae, die gewöhnlich rot gefärbt und verziert wurde, diente vielen Römern der Mittelklasse, deren moderater Lebenswandel oder altmodischer Konservatismus sie vor silbernem Geschirr zurückschrecken ließ, zum täglichen Gebrauch bei Tisch.

19 Während das erste Buch Delia als die Geliebte Tibulls anspricht, wendet sich das zweite Buch an Nemesis. Dieser Name begegnete im alten Rom zwar oft, doch dürfte es sich bei seiner Verwendung in den Dichtungen Tibulls trotzdem um die Instrumentalisierung eines Pseudonyms handeln. Er entstammt dem Gebiet der griechischsprachigen erotischen Dichtung und typisiert die Idee der Vergeltung und der Rache nach erlittenen Verletzungen (vgl. 1,9,79).

20 Seidenstoffe von der griechischen Insel Kos wurden von den Römern der augusteischen Ära hoch geschätzt. Die römischen Dichter dieser Zeit beschreiben diese Stoffe oft als Luxusware von glamouröser Ausstrahlung.

21 Farbige Diener stellten einen Luxus dar, der speziell solche Frauen wie Nemesis, die den Reizen des Reichtums verfallen zu sein schien, anzog. Das Verfügen über solche Hausbedienstete suggerierte nämlich das Wohlleben und die Macht eines fremdländischen Potentaten. Die antike Idee, dass die Hitze der Tropen einer größeren Nähe zur Sonne entspringe, spricht aus zahlreichen Zeugnissen. Zum Bild des Sonnenwagens s. 1,9,62, dazu Anm. 8.

22 Solche Farben, deren Brillanz dem Charakter der Nemesis entsprachen, trugen die Frauen zur Zeit Tibulls. Die Schattierungen der Purpurfarbe reichten von scharlachrot bis dunkelviolett. Das eigentliche Purpur, also das dunkle Violett, wurde von den Tyriern hergestellt und aus der Purpurschnecke gewonnen. Das Scharlachrot, das hier »afrikanisch« genannt wird, da es von den Karthagern erzeugt wurde, entstammte dagegen der Scharlachbeere.

23 Das Schaugerüst drehte sich und bot dabei die Sklaven zum Verkauf an. Deren Füße waren mit Kalk (*gypsum*) geweißt, wenn sie aus dem Ausland stammten. Ein solcher Sklave, der sich offenbar freikaufen konnte, herrscht nun aufgrund seines erworbenen Reichtums im Hause der Nemesis.

24　Zu Bacchus s. 1,4,7, dazu Anm. 3.
25　Die Toga, seit der etruskischen Frühzeit bekannt, war das römi-
　　sche Gewand schlechthin. Nichtrömer durften die Toga nicht
　　tragen, während sie Römern für offizielle Gelegenheiten sogar
　　vorgeschrieben war. Die Toga bestand aus Wolle und war seg-
　　mentförmig geschnitten, hatte also einen geraden und einen halb-
　　kreisförmigen Saum und zwei Zipfel. Vor der Kaiserzeit wurde
　　die knappe Toga straff über die Brust geführt und reichte nur bis
　　zur halben Höhe des linken Unterschenkels. Seit Augustus wurde
　　die Toga stoffreicher, damit länger und auch bequemer.

2,4

1　Zu Amor s. 1,3,64, dazu Anm. 18.
2　Zu Apollo s. 1,4,37, dazu Anm. 9. Apollo als Gott der Dichtkunst
　　galt natürlich auch als Urheber der elegischen Liebesdichtung,
　　welcher Tibull seine dichterische Existenz widmete.
3　Zu den Musen s. 1,4,61, dazu Anm. 11.
4　Der Wechsel von Sonne und Mond im Umlauf des Tages wird hier
　　als ein gleichsam naturphilosophisches Thema angeführt, das der
　　epischen Dichtung zugehören könnte. Die elegischen Dichter
　　hatten von solchen als ernst und würdevoll empfundenen Inhalten
　　aber Abstand genommen, um sich der leichteren Muse der Liebes-
　　dichtung zuzuwenden.
5　Zu Venus s. 1,2,36, dazu Anm. 6.
6　Perlen und Smaragde wurden zur Zeit Tibulls häufig getragen,
　　und dies nicht nur zu festlichen Anlässen, sondern auch im Alltag.
　　Zu ihrer Herkunft s. 2,2,16, dazu Anm. 7.
7　Zur Purpurfarbe aus Tyros s. 2,3,58, dazu Anm. 22.
8　Zu den Seidengewändern aus Kos s. 2,3,53, dazu Anm. 20.
9　Zu Perlen aus dem Roten Meer s. 2,2,16, dazu Anm. 7.
10　Zu den Laren s. 1,1,20, dazu Anm. 11.
11　Circe ist die Tochter des Helios und der Perse sowie Schwester
　　des Aietes. Als Zauberin auf der Insel von Aia entsühnt sie die Ar-
　　gonauten auf ihrer Heimfahrt von der Ermordung des Apsyrtos.
　　Odysseus, dessen Gefährten sie zunächst in Schweine verwandelt
　　hat, bleibt ein Jahr lang bei ihr auf der Insel. Sie gebiert ihm den
　　Telegonos.

12 Zu Medea s. 1,2,53, dazu Anm. 9.

13 Thessalien galt gemeinhin als das Land der Hexen und der Zauberei, da angenommen wurde, dass Medea, als sie Jason verlassen hatte, auf ihrem Flug mit einem von geflügelten Drachen gezogenen Wagen eine Kiste voller Heilkräuter über ihrer Heimat entleerte (vgl. 1,2,51).

14 Das hier angesprochene, *hippomanes* genannte Zaubermittel war sehr populär und möglicherweise sehr alt. Zum ersten Mal wird es bei Aristoteles erwähnt, der all jene Tränke, die unter diesem Namen bekannt waren, ausführlich diskutiert.

15 Zu Nemesis s. 2,3,61, dazu Anm. 19.

2,5

1 Zu »Phoebus« als einem Beinamen des Apollo s. 1,4,37, dazu Anm. 9.

2 Der Lorbeer, wild meist nur buschförmig vorkommend, ist zum hochstämmigen, Haine oder gar Wälder bildenden Baum erst emporgezüchtet worden. Man unterschied mehrere Arten nach Formen sowie Größe der Blätter und schätzte besonders die *laurus Delphica* mit gleichfarbig dunkelgrünen Blättern und großen Beeren, die als Preis und Schmuck für die römischen Triumphatoren diente. Eine bedeutende Rolle hat der Lorbeer im Kult gespielt. In erster Linie war er der heilige Baum Apollos. Lorbeerhaine wurden besonders bei Apollo-Heiligtümern angelegt, und Lorbeerblätter kaute Pythia, ehe sie den mit Lorbeer umkränzten Dreifuß bestieg, von dem sie ihre Wahrsprüche abgab. Von ihrem Gott übernahmen den Lorbeer als Abzeichen seine Diener und Schützlinge, die Sänger und Dichter. Auch dem Dionysos war – neben dem Efeu – der Lorbeer heilig.

3 Zu Saturn s. 1,3,18, dazu Anm. 9.

4 Zu Jupiter s. 1,4,23, dazu Anm. 4.

5 Zu den Auguren s. 1,3,17, dazu Anm. 7.

6 Zur Eingeweideschau s. 1,3,17, dazu Anm. 8.

7 Sibyllen galten als gottbesessene Seherinnen ungedeuteten Namens und unbestimmter Zahl (vgl. 2,5,67 ff.). Sie alle standen mit dem Gottesdienst Apollos in Verbindung. Ihre Institution wuchs zusammen mit seinem Kult, und die Multiplikation der Sibyllen resultierte aus der wachsenden Zahl an Altären, wo die Gegen-

wart einer Sibylle erwartet wurde. Die Orakel einer Sibylle wurden immer in griechischen Hexametern verkündet. Die im ersten Jahrhundert v. Chr. im politischen Leben Roms verwendeten Sibyllen-Sprüche haben mit den *libri Sibyllini* des römischen Kultes nichts zu tun: Diese enthalten keine Weissagungen, sondern Ritualvorschriften.

8 Das Gedicht preist also Messalinus, den ältesten Sohn Messallas (vgl. zu Messalla 1,1,53, dazu Anm. 16; 1,7,55, dazu Anm. 39), aus Anlass seiner rituellen Aufnahme in das Kollegium der *quindecimviri sacris faciundis*, deren vornehmliche Pflicht es war, für die Sibyllinischen Bücher zu sorgen bzw. aus ihnen vorzulesen.

9 Die Stellung des Aeneas in der *Ilias* – er ist neben Hektor der stärkste Troer – und die Erzählung seiner göttlichen Abstammung im Aphrodite-Hymnos Homers werden mit einem in der Troas herrschenden Fürstengeschlecht (Aineiaden) in Zusammenhang gebracht, das seinen Stammbaum auf Aeneas zurückführte. Als Gründer Roms erscheint Aeneas in der griechischen Literatur seit dem fünften Jahrhundert und dürfte über die Etrusker zu den Römern gekommen sein. Gelegentlich wurde er auch als Vater der Zwillinge Romulus und Remus aufgefasst. Später schob man zwischen die Gründung von Lavinium und Rom noch die Erbauung von Alba Longa ein, die man dem Ascanius zuschrieb. Die Begegnung von Aeneas und Dido und ihre romanhafte Ausgestaltung sind wohl römische Erfindung. Die Römer sahen in Aeneas nicht vornehmlich den Kriegshelden, sondern den Mann des Friedens. Dass Vergil in seinem Epos den Aeneas als makellosen Helden und Göttersohn verherrlichte, erklärte sich im Besonderen daraus, dass Kaiser Augustus ihn als Ahnherrn seines Hauses betrachtete.

10 Bei der Eroberung Trojas zieht Aeneas mit seinem greisen Vater auf den Schultern aus der Stadt, ohne von den Griechen behelligt zu werden; die Stadtgötter nimmt er auf den Berg Ida mit. Auf dieser Flucht aus dem brennenden Troja verliert Aeneas seine Gattin Kreusa, rettet aber seinen Sohn Ascanius.

11 König Numitor von Alba Longa wird von seinem Bruder Amulius zur Abdankung gezwungen. Als Numitors Tochter, die Vestalin Rhea Silvia, von Mars Mutter von Zwillingen (Romulus und Remus) wird, befiehlt Amulius, die Kinder zu ertränken. Da der Tiber über die Ufer getreten ist, bleibt die Wiege mit den Zwillingen beim Zurückgehen des Wassers auf dem Trockenen. Eine

Wölfin säugt die Kinder, bis sie der Hirte Faustulus findet und ge-
meinsam mit seiner Frau Acca Larentia bei sich aufzieht. Romulus
und Remus werden selber Hirten. Vor der Gründung einer neuen
Stadt holen sie – Romulus auf dem Palatin und Remus auf dem
Aventin – Auspizien (Vogelzeichen) ein, um festzustellen, wer der
Stadt den Namen geben soll. Dem Romulus senden die Götter
zwölf Vögel, während seinem Bruder nur sechs erscheinen; die
neue Stadt wird Rom genannt. Als Romulus darangeht, seine
Gründung auf dem Palatin mit einer Mauer zu umgeben, springt
Remus zum Spott darüber hinweg. Romulus erschlägt ihn darauf-
hin im Zorn.

12 Palatium – nicht *Palatinus (mons)* – lautet der Name des mittleren
der »Sieben Hügel« Roms, der die älteste Ansiedlung und später
die Kaiserpaläste getragen hat. Seit im ersten Jahrhundert n. Chr.
der ganze Hügel von den Kaiserpalästen eingenommen war, hieß
Palatium ›Residenz‹ und ging dann in die allgemeine Bedeutung
›Palast‹ über. Die vielen antiken und modernen Etymologien sind
ungewiss oder falsch, ein Zusammenhang mit Pales, der Hirten-
gottheit, ist aber doch wohl anzunehmen.

13 Zu Jupiter s. 1,4,23, dazu Anm. 4.

14 Pan, in Arkadien beheimatet, war ein alter Gott der Hirten und
Jäger, den man ursprünglich in Gestalt des Ziegenbockes verehrte.
Durch den Grundzug seines Wesens, nämlich das unstete Umher-
schweifen in der freien Natur, war er seinem Vater Hermes und
besonders Dionysos vergleichbar. Aufgrund der halbtierischen
Auffassung des Pan fand der Gott leicht Anschluss an die halbtierischen Wesen im Gefolge des Dionysos. Hier trat er vor allem als
weinseliger Gehilfe und Spaßmacher des Dionysos, aber auch in
verschiedenen anderen Funktionen auf, die sich in der bildenden
Kunst der Antike vielfach widerspiegeln. Der Bock Pan betätigte
sich vor allem als zeugungskräftiger Mehrer der Herden, der ursprünglich die Ziegen selbst besprang. Durch Übertragung ins
Menschliche wurde daraus der von Eros getriebene Gott, der mit
Vorliebe die Nymphen, aber auch schöne Hirtenknaben verfolgte.

15 Zu Pales s. 1,1,36, dazu Anm. 13.

16 Velabrum hieß ursprünglich die ungesunde sumpfige, oft von
Überschwemmungen heimgesuchte Gegend zwischen Kapitol,
Palatium und Tiber. Nach dem Brand Roms unter Nero wurde
dort das Niveau erhöht, und die Überschwemmungen hörten auf.
Dank seiner Lage zwischen Tiber und Forum Romanum entwi-

ckelte sich das Velabrum schon früh zu einem lebhaften Viertel, das dem Durchgangsverkehr und dem Handel mit Lebensmitteln diente. An Heiligtümern ist nur das der Acca Larentia überliefert.

17 Zu Amor s. 1,3,64, dazu Anm. 18.

18 Laurentum oder Lavinium war die in Wald und Sumpf zwischen Tiber- und Numiciusmündung gelegene Stadt der Laurenter. Der Sage nach landete Aeneas bei Laurentum, d. h. im *ager Laurens*; als er eine trächtige Sau opfern wollte, entfloh diese und warf 24 Stadien vom Meer entfernt 30 Ferkel. Aeneas opferte diese am Platz einer späteren Kapelle und gründete die nach seiner Braut Lavinia benannte Stadt Lavinium (vgl. Anm. 11).

19 Zu den Laren s. 1,1,20, dazu Anm. 11.

20 Numicius war ein Küstenfluss Latiums, in dem Aeneas verschwunden sein soll. Sein Wasser wurde beim Vesta-Opfer verwendet, und auch die Konsuln opferten am Numicius.

21 Nike (lat. *Victoria*) ist die Personifikation des Sieges, den Zeus oder Athene verleihen. Der um 430 v. Chr. erbaute Niketempel auf der athenischen Akropolis war Athene selbst als der Siegesgöttin geweiht. Im griechischen Kult und Glauben spielte Nike kaum jemals eine Rolle. Aber eine Nikestatue als Weihgeschenk für einen militärischen, sportlichen oder musischen Sieg war in Hellas keine Seltenheit. Die Künstler stellten Nike als geflügelte Götterbotin mit Lorbeerkranz, Binde und Palmzweig, oft im Fluge oder im Herabschweben von oben dar.

22 Indem der Troer Aeneas bei seiner Ankunft in Italien den Rutuler Turnus (vgl. Anm. 23) besiegte, um Rom gründen zu können, trugen auch die Trojaner mit Aeneas an ihrer Spitze einen späten Sieg über die Griechen davon, da sie sich als Ahnherren Roms fühlen konnten – einer Stadt, die zeitweilig die gesamte westliche Welt beherrschte.

23 Turnus war der Sohn des Danaus und König der Rutuler in Italien zur Zeit der Ankunft des Aeneas, den er heftig bekämpfte – entweder als Bundesgenosse des Königs Latinus, um dessen Tochter er warb, bzw. als treibende Kraft zum Krieg, oder gegen Latinus und Aeneas zusammen.

24 Zu Laurentum bzw. seinen Bewohnern s. Anm. 18.

25 Während Lavinium von Aeneas gegründet wurde, geht Alba Longa auf Ascanius, den Sohn des Aeneas, zurück, der es 30 Jahre nach dem Tod des Vaters gründete. Es war ebenso wie Lavinium eng mit dem religiösen Leben im römischen Staat, speziell mit der

Verehrung der Vesta und der Penaten (vgl. 1,3,33, dazu Anm. 13),
verbunden. Nach der Zerstörung Albas und der Auflösung des
Italischen Bundes, vor allem aber nach dem Eindringen der
Legende von Aeneas wurde Lavinium als die Mutterstadt Roms
betrachtet.

26 Der Name der Ilia, einer Vestalin, die von Mars die Mutter des
Romulus und Remus war (vgl. Anm. 11), scheint sich dem Eindringen der Sage von Aeneas zu verdanken. In der alten italischen
Version ist sie als Rhea Silvia bekannt. Sie war, wie jeden Morgen,
zum Fluss gelaufen, um Wasser zu holen. Als sie den Fluss erreicht hatte, fiel sie in einen wundersamen Schlaf, sodass sich der
Gott ihr nähern konnte.

27 In der Legende heißt es, dass Mars in voller Rüstung vom Himmel
herabkam, um Rhea Silvia zu schwängern.

28 Rom wurde auf sieben Hügeln erbaut, weshalb der alte Name seines gegenwärtigen Sitzes *Septimonium* lautete.

29 Zu Ceres s. 1,1,15, dazu Anm. 8.

30 Helios (lat. *Sol*), der griechische Sonnengott, fährt auf einem von
vier schnellfüßigen, feuerschnaubenden Flügelrossen gezogenen
Wagen über den Himmel, des Nachts aber weilt er im Westen oder
kehrt in einem goldenen Becher über das Meer zum Lande des
Sonnenaufgangs zurück.

31 Zu Phoebus als einem Beinamen des Apollo s. 1,4,37, dazu
Anm. 9.

32 Amalthea war vermutlich jene Sibylle von Cumae, die ursprünglich die Sibyllinischen Bücher an Tarquinius verkaufte. Während
Marpesia eine Sibylle sein dürfte, die aus Marpessos, einer Stadt
am Fuße des troischen Ida-Gebirges, stammte, wird Heriphile
allein als dem Phoebus ergebene Seherin beschrieben. Über eine
Nymphe von Alba Longa, der am Westabhang des Albaner Ber-
ges (*mons Albanus*) und unweit des Albaner Sees (*lacus Albanus*)
gelegenen Mutterstadt Roms, ist weiter nichts bekannt, sodass
auch kaum noch ausgemacht werden kann, auf welche Episode in
diesem Distichon (69 f.) angespielt wird.

33 Hier werden Ereignisse bzw. böse Vorzeichen des Jahres 44
v. Chr. geschildert, die auf den Tod von Julius Cäsar folgten. Der
hier beschriebene Kometeneinschlag, ein allgemeines Symbol für
einen gewaltsamen Wechsel des Schicksals, geschah, als Octavianus im Juli jenes Jahres Festspiele zu Ehren seines verstorbenen
Adoptivvaters Cäsar abhielt. Der Steinregen, die vom Himmel

tönenden Kriegstrompeten und klirrenden Waffen sowie die Weissagungen der Kultstätten kündeten damals vom nahen Bürgerkrieg zwischen Octavianus und Antonius.

34 Zu Sol bzw. Helios s. Anm. 30. – Das Licht der Sonne war wohl deshalb getrübt, weil ein Ausbruch des Ätna kurz vor Cäsars Ermordung große Mengen an Asche in die Atmosphäre geschleudert hatte.

35 Der allgemeine Glaube an die reinigende Kraft des Meeres ist in zahlreichen religiösen Riten belegt. Hier wird möglicherweise auf die (Un-)Sitte angespielt, missratene Geburten in die See zu werfen.

36 Das Ausmaß des Knisterns, das entsteht, wenn Lorbeer verbrennt, ist sprichwörtlich. Das gute Vorzeichen bestand bei dieser Prozedur darin, dass der Lorbeer völlig verbrannte und keine Asche übrig ließ.

37 Zu Bacchus s. 1,4,7, dazu Anm. 3.

38 Zum Fest der Parilien s. 1,1,36, dazu Anm. 13.

39 Zu Nemesis s. 2,3,61, dazu Anm. 19.

40 Zur Bedeutung des Triumphzuges s. 1,7,5, dazu Anm. 5.

41 Zu Messalla s. 1,1,53, dazu Anm. 16.

42 Die Schwester des Apollo ist Artemis, die auch als unnahbare Jungfrau galt.

2,6

1 Macer, an den Tibull diese Elegie adressiert, war möglicherweise der befreundete Dichter Aemilius Macer aus Verona. Die Identität dieses Mannes ist aber nicht sicher festzustellen.

2 Mit dem Knaben ist Amor bzw. Cupido gemeint. – Zu Amor s. 1,3,64, dazu Anm. 18.

3 Zu Venus s. 1,2,36, dazu Anm. 6.

4 Zu den Werkzeugen des Amor s. 2,1,81 f., dazu Anm. 18.

5 Die Hoffnung (lat. *Spes*) fand in Griechenland lediglich eine blasse dichterische Personifikation; in Rom hingegen hatte *Spes* seit verhältnismäßig früher Zeit einen Tempel und Kult. Ihr Wirken erstreckte sich naturgemäß auf alle Bereiche des Lebens.

6 Zu Nemesis s. 2,3,61, dazu Anm. 19.

7 Der Name »Manen« (lat. *Di Manes*) ist der zusammenfassende Ausdruck für die Totengeister, wie sie in ihrer Beziehung zu den Lebenden vorgestellt wurden. Unter griechischem Einfluss wur-

den sie als Dämonen der Unterwelt schlechthin gedeutet. Nur wenn man ihren Zorn erregte, z. B. durch eine Freveltat oder Vernachlässigung des Totenkultes, musste man ihre Rache fürchten. Die Manen hatten die Macht, die Lebenden zu sich zu holen und einem jüngst Verstorbenen entweder den Zutritt zur Unterwelt zu versagen oder ihn freundlich aufzunehmen. Darum wurde ihnen auch der Schutz der Gräber anvertraut.

8 Die Tätigkeit der Kupplerin (lat. *lena*), speziell die gewerbsmäßige Kuppelei, war als solche nicht strafbar. Wohl aber wurden bestimmte Formen, etwa die Verkuppelung der Ehefrau, gesetzlich erfasst. Die für den Ehebruch angeordnete Leibesstrafe wurde dann später auch auf die Beihilfe zum Ehebruch ausgedehnt. Damit stand die Kuppelei, wo sie diese Voraussetzung erfüllte, unter strengster Strafe.

9 Phryne aus dem griechischen Thespiai war eine berühmte athenische Hetäre im vierten Jahrhundert v. Chr. Sie galt als Modell sowie Geliebte des Praxiteles und wurde von Hyperides in einer berühmten, aber nicht erhaltenen Prozessrede verteidigt. Er soll dabei ihr Gewand zerrissen haben, um den Richtern ihre Schönheit zu zeigen. Mit ihrem Vermögen vermochte Phryne das von Alexander dem Großen zerstörte Theben wieder aufzubauen.

Literaturhinweise

Ausgaben und Übersetzungen

Albius Tibullus: Carmina, libri tres. Hrsg. von C. G. Heyne und
E. C. F. Wunderlich. Nachdr. Hildesheim [u. a.]: Olms, 1975.
[Nachdr. der Ausgabe Leipzig 1817–19.]

Tibullo: Le Elegie. A cura di F. Della Corte. Mailand: Fondazione
Lorenzo Valla, 1980. ²1989.

Albii Tibulli Aliorumque Carmina. Rec. G. Luck. Stuttgart: Teubner,
1988. ²1998.

Latin Love Elegy. Selected and ed. with introd. and notes by R. Maltby. Bristol: Bristol Classical Press, 1980.

Catullus, Tibullus, Pervigilium Veneris. Transl. by F. W. Cornish
[Catull], J. P. Postgate [Tibull], J. W. Mackail [Pervigilium Veneris].
Rev. by G. P. Goold. Cambridge (Mass.) / London: Heinemann,
²1988.

Tibullus: Elegies. Introd., text, transl. and notes by A. G. Lee. 3. ed.
rev. in coll. with R. Maltby. Leeds/Liverpool: Cairns, 1990.

Appendix Tibulliana. Hrsg. und komm. von H. Tränkle. Berlin /
New York 1990.

Kommentare

Putnam, M. C. J.: Tibullus. A Commentary. Norman (Okla.) 1973.

Murgatroyd, P.: Tibullus I. A Commentary on the First Book of the
Elegies of Albius Tibullus. Pietermaritzburg 1980. Nachdr. Bristol
1991.

– Tibullus. Elegies II. Oxford 1994. [Einführung, Text und Kom-
mentar.]

Bibliographie

Harrauer, H.: A Bibliography to the Corpus Tibullianum. Hildesheim 1971.

Ausgewählte Forschungsliteratur

Adams, J. N.: The Latin Sexual Vocabulary. London 1982.

Albert, W.: Das mimetische Gedicht in der Antike. Frankfurt a. M.1988.

Albrecht, M. v.: Römische Poesie: Texte und Interpretationen. Heidelberg 1977.

Ball, R. J.: The Structure of Tibullus' Elegies. Columbia 1971.

– The Structure of Tibullus 1.7. In: Latomus 34 (1975) S. 729–744.

– Tibullus' Structural Elegy. The External Ordering. In: Prudentia 11 (1979) S. 1–6.

– The Politics of Tibullus: Augustus, Messalla and Macer. In: Grazer Beiträge 10 (1981) S. 135–142.

– Tibullus The Elegist. A Critical Survey. Göttingen 1983.

– Recent Structural Studies on Tibullus. In: The Augustan Age 9 (1989) S. 1–15.

Bénéjam, M. J.: L'âge d'or de Tibulle. In: L'Elégie Romaine. Enracinement – Thèmes – Diffusion. Hrsg. von A. Thill. Paris 1980. S. 91–103.

Boyd, B. W.: Parva Seges Satis Est: The Landscape of Tibullan Elegy in 1.1 and 1.10. In: Transactions and Proceedings of the American Philological Association 114 (1984) S. 273–280.

Bréguet, E.: L'Elégie I,4 de Tibulle. In: L'Elégie Romaine. Enracinement – Thèmes – Diffusion. Hrsg. von A. Thill. Paris 1980. S. 65–71.

Bright, D. F.: A Tibullan Odyssey. In: Arethusa 4 (1971) S. 197–214.

– The Art and Structure of Tibullus 1.7. In: Grazer Beiträge 3 (1975) S. 31–46.

– *Haec mihi fingebam.* Tibullus in his World. Leiden 1978.

Cairns, F.: Tibullus: A Hellenistic Poet at Rome. Cambridge 1979.

Campbell, C.: Tibullus Elegy I.3. In: Yale Classical Studies 2 (1973) S. 147–157.

Cancelli, F.: Spunti Ideologico-Politici in Tibullo. In: Atti del Convegno Internazionale di Studi su Albio Tibullo. Rom 1986. S. 233–250.

Cilliers, J. F.: The Tartarus Motif in Tibullus' Elegy 1,3. In: Acta Classica 17 (1974) S. 74–79.

Cloud, D.: Roman Poetry and Anti-Militarism. In: War and Society in the Roman World. Hrsg. von J. Rich und G. Shipley. London / New York 1993.

Courtney, E.: Problems in Tibullus and Lygdamus. In: Maia 39 (1987) S. 29–32.

Den Boeft, J.: *Vota cadunt* (Tibullus II 2,17). In: Mnemosyne 33 (1980) S. 329–334.

Dettmer, H.: The Arrangement of Tibullus Bks 1 and 2. In: Philologus 124 (1980) S. 68–82.

Fisher, J. M.: The Life and Work of Tibullus. In: Aufstieg und Niedergang der römischen Welt. Hrsg. von H. Temporini und W. Haase. Bd. II 30,3. Berlin / New York 1983. S. 1924–61.

Gaisser, J. H.: Structure and Tone in Tibullus 1,6. In: American Journal of Philology 92 (1971) S. 202–216.

– Tibullus 2.3 and Vergil's Tenth Eclogue. In: Transactions and Proceedings of the American Philological Association 107 (1977) S. 131–146.

– *Amor, rura* and *militia* in Three Elegies of Tibullus: 1.1, 1.5 and 1.10. In: Latomus 92 (1983) S. 58–72.

Geiger, H.: Interpretationen zur Gestalt Amors bei Tibull. Zürich 1978.

Gerressen, W.: Tibulls Elegie 2,5 und Vergils *Aeneis*. Diss. Köln 1970.

Gilmartin, J. M.: The Structure of the Poems in Book I and II of the Corpus Tibullianum. Cambridge 1975.

Gosling, A.: Tibullus 2.5 and Augustan Propaganda. In: Échos du Monde classique 31 (1987) S. 333–339.

Gotoff, H. C.: Tibullus. *Nunc Levis est Tractanda Venus*. In: Harvard Studies in Classical Philology 78 (1974) S. 231–251.

Hanslik, R.: Tibulls Elegie 1,3. In: Forschungen zur römischen Literatur. Festschrift zum 60. Geburtstag von Karl Büchner. Hrsg. von W. Wimmel. Wiesbaden 1970. S. 138–145.

Harmon, D. P.: Religion in the Latin Elegists. In: Aufstieg und Niedergang der römischen Welt. Hrsg. von H. Temporini und W. Haase. Bd. II 16,3. Berlin / New York 1986. S. 1943–55.

Henniges, M.: Utopie und Gesellschaftskritik bei Tibull. Frankfurt a. M. 1979.

Johnson, W. R.: Messalla's Birthday. The Politics of Pastoral. In: Arethusa 23 (1990) S. 95–113.

Koenen, L.: Egyptian Influence in Tibullus. In: Illinois Classical Studies 1 (1976) S. 127–159.

Lawall, G.: The Green Cabinet and the Pastoral Design. Theocritus, Euripides, and Tibullus. In: Ramus 4 (1975) S. 87–100.

Leach, E. W.: Vergil, Horace, Tibullus. Three Collections of Ten. In: Ramus 7 (1978) S. 79–105.

– Poetics and Poetic Design in Tibullus' First Elegiac Book. In: Arethusa 13 (1980) S. 79–105.

– Sacral-Idyllic Landscape Painting and the Poems of Tibullus' First Book. In: Latomus 39 (1980) S. 47–61.

Lee-Stecum, P.: Powerplay in Tibullus. Reading *Elegies* Book I. Cambridge 1998.

Leonotti, E.: Per una interpretazione di tre elegie di Tibullo (I 4, 8, 9). In: Prometheus 6 (1980) S. 259–270.

Lieberg, G.: Tibullo e lo strutturalismo. Analisi dell'elegia 1,5. In: Atti del Convegno Internazionale di Studi su Albio Tibullo. Rom 1986. S. 315–330.

Littlewood, R. J.: The Symbolic Structure of Tibullus Book 1. In: Latomus 29 (1970) S. 661–669.

– Humour in Tibullus. In: Aufstieg und Niedergang der römischen Welt. Hrsg. von H. Temporini und W. Haase. Bd. II 30,3. Berlin / New York 1983. S. 2128–58.

Lyne, R. O. A. M.: The Latin Love Poets from Catullus to Horace. Oxford 1980.

Merklin, H.: Zu Aufbau und Absicht der Messalinus-Elegie Tibulls. In: Forschungen zur römischen Literatur. Hrsg. von W. Wimmel. Wiesbaden 1970. S. 301–314.

McGann, M. J.: The Marathus Elegies of Tibullus. In: Aufstieg und Niedergang der römischen Welt. Hrsg. von H. Temporini und W. Haase. Bd. II 30,3. Berlin / New York 1983. S. 1976–99.

Mills, D. H.: Tibullus and Phaeacia: A Re-interpretation of 1.3. In: Classical Journal 69 (1974) S. 226–232.

Mojsisch, B.: Nachwort. In: Sextus Propertius. Sämtliche Gedichte. Lat./Dt. Hrsg. von B. M., H.-H. Schwarz und I. J. Tautz. Stuttgart 1993. S. 411–418.

Mossbrucker, P.: Tibull und Messalla. Bonn 1983.

Murgatroyd, P.: *Militia Amoris* and the Roman Elegists. In: Latomus 34 (1975) S. 59–79.

– Tibullus and the *Puer Delicatus*. In: Acta Classica 20 (1977) S. 105–119.

– *Servitium Amoris* and the Roman Elegists. In: Latomus 40 (1981) S. 589–606.

Musurillo, S. J.: *Furtivus Amor.* The Structure of Tibullus 1.5. In:

Transactions and Proceedings of the American Philological Association 101 (1970) S. 387–399.

Mutschler, F.-H.: Die poetische Kunst Tibulls. Frankfurt a. M. 1985.

Neumeister, C.: Tibull. Einführung in sein Werk. Heidelberg 1986.

Palmer, R. B.: Is there a Religion of Love in Tibullus? In: Classical Journal 73 (1977) S. 1–10.

Pascal, C. B.: Tibullus and the Ambarvalia. In: Ancient Journal of Philology 109 (1988) S. 523–536.

Pieri, M.-P.: Il dio Priapo in Tibullo 1,4. Spunti bucolici d'un elegiaco. In: Atti del Convegno Internazionale di Studi su Albio Tibullo. Rom 1986. S. 69–88.

Pillinger, H. E. : Tibullus 1.10 and Lucretius. In: Classical Journal 66 (1971) S. 204–208.

Pino, M.: Echi callimachei in Tibullo. In: Maia 24 (1972) S. 63–65.

Reeve, M. D.: Tibullus 2.6. In: Phoenix 38 (1984) S. 235–239.

Schiebe, M. W.: Das ideale Dasein bei Tibull und die Goldzeitkonzeption Vergils. Uppsala/Stockholm 1981.

Swoboda, M.: De Tibulli elegiis hymnicis. In: Eos 65 (1977) S. 245–256.

Veremans, J.: Tibull und der Isis- und Osiriskult. In: Festschrift für Robert Muth. Hrsg. von P. Händel und W. Meid. Innsbruck 1983. S. 547–557.

Verger, A. de: La elegia 1.9 de Tibullo. In: Veleia 4 (1987) S. 335–346.

Wimmel, W.: Tibull und Delia. Bd. 1: Tibulls Elegie 1,1. Wiesbaden 1976. Bd. 2: Tibulls Elegie 1,2. Wiesbaden 1983.

Whitaker, R.: The Unity of Tibullus 2.3. In: Classical Quarterly 29 (1979) S. 131–141.

Nachwort

Unter der Prämisse, dass im Falle der römischen Liebeselegie »die Realität des Künstlers mit der Realität des Kunstwerkes koinzidiert«,[1] lässt sich nach den realen Inhalten des tibullischen Werkes fragen, um über diese die Realität des Künstlers zu ergründen. Die Realität Tibulls zeigt sich nun aber gerade in der Irrealität seines Erlebens, insofern er nämlich den gelebten Augenblick immer verfehlt: Das von ihm gedichtete Sein eilt dem wirklichen Vollzug erlebten Seins entweder voraus oder nach, indem es entweder um vergangenes Sein trauert oder zukünftiges Sein erhofft. Erlebtes Sein als ein der Möglichkeit nach glücklicher Augenblick kommt bei Tibull darum kaum zur Sprache. Den der Möglichkeit nach glücklichen Augenblick trübt immer die unglückliche Erinnerung oder Erwartung, sodass die Realität des tibullischen Werkes bzw. die Realität Tibulls nicht einmal als eine durch Unglück geprägte zu bestimmen wäre, »die diesen Zustand immer wieder durch selten genug eintretende Glücksumstände überwindet und dann erneut in ihn zurückfällt«.[2] Sie müsste vielmehr als völlig vom Unglück des Dichters beherrscht gelten. Welche Sicht Tibulls auf das eigene Sein liegt diesem Unglück aber zugrunde?

Der Elegiendichter Albius Tibullus wurde vermutlich um das Jahr 54 v. Chr. in Gabii geboren, womit er einer der wenigen Dichter Roms war, die Latium selbst ihre Heimat nennen konnten. Er wuchs zusammen mit seiner Schwester bei der Mutter auf,[3] da der Vater wohl früh gestorben war. Als

---

1 B. Mojsisch, »Nachwort«, in: Sextus Propertius, *Sämtliche Gedichte*, lat./dt., hrsg. von B. M., H.-H. Schwarz und I. J. Tautz, Stuttgart 1993, S. 412.
2 Ebd., S. 413.
3 Vgl. Tibull 1,3,3 ff.

Junge wurde er nach Rom geschickt, um dort die übliche Ausbildung in Rhetorik und Juristik zu erhalten. Möglicherweise nahm er ebenso wie sein Freund Horaz eine Zeit lang am Universitätsleben in Athen teil. Bestimmend für den weiteren Werdegang des Tibull wurde dann seine Begegnung mit Marcus Valerius Messalla Corvinus, der als Angehöriger einer alten und angesehenen Familie sowohl für seine literarischen als auch für seine administrativen Fähigkeiten berühmt war. Er wurde als einer der bedeutendsten Redner seiner Generation betrachtet, und es lässt sich mit einiger Sicherheit annehmen, dass er sich auch dem bukolischen Genre widmete. Dies dürfte ein Grund sein, warum Tibull sich einer Form der Elegie zuwandte, die der Hirtendichtung oft sehr nahe kommt. Messalla gründete einen literarischen Zirkel, dem auch Tibull angehörte, und trat so in eine gewisse Konkurrenz zu jenem Kreis von Literaten, der sich um Maecenas gebildet hatte. Tibull begleitete Messalla auch auf einer militärischen Expedition nach Aquitanien, wo dieser einen Triumph errang,[4] und schickte sich an, ihm als Soldat in den Orient zu folgen, wovon ihn dann aber eine Krankheit abhielt.[5] Messalla, der den Quellen nach ein Mann von freier und selbstständiger Entscheidungskraft war, fungierte gegenüber Tibull weniger als Patron denn als kritischer Dialogpartner, der es dem Dichterfreund auch zugestand, in sein Werk keine einzige Anspielung auf den Herrscher Augustus einzuarbeiten. Eine existentielle Abhängigkeit Tibulls gegenüber Messalla bestand nicht, da der Dichter in gesicherten finanziellen Verhältnissen lebte. Tibull starb früh – wohl im gleichen Jahr wie Vergil – und hinterließ ein möglicherweise nicht abgeschlossenes zweites Buch *Carmina*.

4 Vgl. ebd., 1,7.
5 Vgl. ebd., 1,3.

Sein erstes Buch mit Gedichten gibt Tibull zwischen 27 und 26 v. Chr. heraus, also unmittelbar nachdem Properz mit seinem ersten Buch an die Öffentlichkeit getreten ist. Er befasst sich mit denselben Themen, die auch Properz beschäftigen, und stellt sich in dieselbe Tradition der subjektiven, erotischen Liebeselegie, doch werden die traditionellen Motive von ihm in durchaus eigenwilliger Weise gestaltet. So kombiniert er beispielsweise eine *priapeia* mit einer *ars amandi*[6] oder verbindet innerhalb einer Elegie Elemente des Geburtstagsgedichtes, der heroischen Ode, der Panegyrik und des Hymnus miteinander.[7] Gegenüber den Dichtungen des Properz tritt der Gebrauch mythischer Elemente deutlich zurück, was auf Tibulls Vorliebe für die Schlichtheit der vergilischen *Eklogen* im Besonderen und dem bukolischen Genre im Allgemeinen zurückgehen dürfte. Auch bei Tibull findet sich die typische Verkehrung des traditionellen Geschlechterverhältnisses: Die Geliebte herrscht mit einiger Willkür über den Liebenden, der ihren Wünschen wie ein Sklave ausgesetzt ist, ohne sich von der Herrin lösen zu können – allerdings besteht in der Konstellation der elegischen Liebe eine innere Abhängigkeit des Liebenden von der Geliebten, die den ehrlich empfundenen Gefühlen des Dichters entspringt, während das traditionelle *dominium* des römischen Mannes über die Frau ein rein äußerliches Machtverhältnis darstellt.[8] Tibull wünscht sich in dieser für den Elegiker typischen Situation keine Erlösung von seiner Abhängigkeit, sondern eine Wechselseitigkeit der Gefühle, die auch ihn zum Geliebten mache.[9] Sie bleibt ihm in seinem Verhältnis zu Delia – einer *civis Romana*, die nicht als *matrona* verheiratet ist, sondern die Konkubine oder *libertina* eines Herrn verkörpert – ebenso versagt wie in der homoeroti-

---

6 Vgl. ebd., 1,4.
7 Vgl. ebd., 1,7.
8 Vgl. P. Lee-Stecum, *Powerplay in Tibullus. Reading »Elegies« Book I*, Cambridge 1998, S. 286 f.
9 Vgl. Tibull 1,2,65; 1,6,76.

schen Beziehung zu dem jungen Marathus.[10] In seiner Hilf-
losigkeit wendet sich Tibull häufig an göttliche Mächte, um
durch ihr Wirken die Gefühle der Geliebten zu beeinflussen
– daraus resultiert eine neue Abhängigkeit, die es dem Dichter wiederum verwehrt, eigene Kräfte zu finden.[11] Tibull erkennt, dass sein *servitium amoris* gegenüber der Geliebten
einer *militia* gleichkommt, in der die Machtverhältnisse der
tatsächlichen *militia*, wie sie Messalla betreibt, gleichfalls
herrschen. Die inneren Kämpfe, die das erste Buch vorführt,
gipfeln daher in dem Wunsch Tibulls, die Göttin des Friedens möge den Kriegen draußen, die seine innere *militia
amoris* spiegeln, ein Ende bereiten.[12]

　　Obwohl es nicht auszuschließen ist, dass bestimmte Gedichte des zweiten Buches schon früher verfasst wurden und
in das erste Buch keine Aufnahme fanden, dürfte es doch
sehr wahrscheinlich sein, dass die meisten Elegien des zweiten Buches nach der Veröffentlichung des ersten Buches geschrieben und vor Tibulls Tod im Jahre 19 oder 18 v. Chr.
herausgegeben wurden. Nachdem das erste Buch – neben
Hinwendungen zur Person Messallas – hauptsächlich um Tibulls Liebe zu Delia und Marathus gekreist hat, führt das
zweite Buch neue Charaktere in die gedichtete Welt Tibulls
ein. Neben einem engen Freund mit dem Namen Cornutus,
dessen Geburtstag gefeiert wird, dem Sohn des Messalla, der
in ein Priesterkollegium aufgenommen wird, und einem weiteren Freund namens Macer, der in den Krieg zu ziehen ge-
denkt, tritt eine neue Geliebte des Dichters auf, die nach der
griechischen Göttin Nemesis benannt wird. Sie wird als
schön,[13] aber grausam beschrieben[14] und erscheint als käufliche und raffsüchtige Person.[15] Sie wird als hartherzige Herrin

10　Vgl. Lee-Stecum (s. Anm. 8), S. 287 f.
11　Vgl. Tibull 1,2,15–24 und 35–42; 1,6,43–56.
12　Vgl. ebd., 1,10,45–50 und 67 f.
13　Vgl. ebd., 2,3,65; 2,4,35; 2,6,43.
14　Vgl. ebd., 2,4,3 ff.
15　Vgl. ebd., 2,3,49 ff.; 2,4,14 und 21 ff.

präsentiert,[16] der Tibull nicht mehr die Weichheit zuschreiben kann, die der verflossenen Delia offenbar eignete.[17] Der schädliche Einfluss der Nemesis führt sogar dazu, dass Tibull bislang hochgehaltene Ideale und Wertvorstellungen ihrer Liebe zu opfern bereit ist.[18] Der Name der Geliebten dürfte mit Absicht gewählt worden sein, denn er konnotiert Gewalt und Schmerz und erinnert an die Tatsache, dass die Göttin Nemesis als die Tochter der Nacht galt.[19] Ihr bleibt Tibull verfallen, und um ihretwillen ruft er im letzten Gedicht des zweiten Buches die Göttin der Hoffnung an – vergeblich, da Nemesis ihm ihre Zuneigung versagt.[20] In dieser hoffnungslosen Lage richtet Tibull einen letzten, kaum überzeugenden Angriff gegen die *lena*, die Kupplerin, die ihm die Geliebte vorenthalte und seine Nebenbuhler begünstige. Mit diesem verzweifelten Wüten gegen das Ausbleiben erwiderter Liebe endet das zweite Gedichtbuch des Tibull – in der traurigen Leere eines Zornes, der sich immer auf ein Gegenüber des gedichteten Ichs, niemals aber auf dieses selbst richtet.

Der Dichter Tibull tritt nicht nur – in der künstlerischen Gestaltung seiner selbst – aus seinen Elegien hervor, sondern wird auch erkennbar in der Dichtung seines Zeitgenossen und Freundes Horaz, der den auf dem eigenen Landgut verweilenden Tibull wie folgt charakterisiert (*Epistulae* 1,4,6–11):

> *Non tu corpus eras sine pectore: di tibi formam,*
> *di tibi divitias dederunt artemque fruendi.*
> *Quid voveat dulci nutricula maius alumno,*
> *qui sapere et fari possit quae sentiat et cui*
> *gratia fama valetudo contingat abunde*
> *et mundus victus non deficiente crumina?*

16 Vgl. ebd., 2,4.
17 Vgl. ebd., 1,1,61 ff.; 1,3,9 ff.
18 Vgl. ebd., 2,3,53–64; 2,4,13–26.
19 Vgl. P. Murgatroyd, *Tibullus. Elegies II*, Oxford 1994, S. XVII–XVIII.
20 Vgl. Tibull 2,6,19–28.

> Du warst niemals ein Mensch ohne ein Herz in der
> Brust: Die Götter haben dir Schönheit, sie haben
> dir Reichtum verliehen und die Kunst, ihn zu ge-
> nießen. Was sollte eine Amme Größeres für ihren
> geliebten Zögling wünschen, der verstehen und sa-
> gen kann, was er fühlt, und dem Ansehen, Be-
> rühmtheit und Gesundheit reichlich zuteil werden,
> dazu eine elegante Lebensweise, für die die Geld-
> mittel nicht ausgehen?

Hier wird ein Mensch beschrieben, der sich in jeder Hinsicht
glücklich nennen kann und zu allem, was ein erfülltes Leben
ausmacht, die Voraussetzungen mitbringt. Doch versteht Tibull es auch, sich seiner Begabungen und Reichtümer zu erfreuen? Horaz bestätigt den Eindruck, der in Tibulls eigenen
Gedichten vermittelt wird (*Epistulae* 1,4,12–14):

> *Inter spem curamque, timores inter et iras*
> *omnem crede diem tibi diluxisse supremum:*
> *grata superveniet quae non sperabitur hora.*

> Inmitten von Hoffnung und Sorge, Furcht- und
> Zorngefühlen glaube, dass jeder Tag dir als der
> letzte aufgegangen ist: Die Stunde wird dich ange-
> nehm überraschen, die von dir nicht erhofft wer-
> den wird.

Tibull hadert mit seinem Schicksal, er grübelt und wird von
Hoffnungen und Sorgen, Zorn und Furcht geplagt. Der Rat-
schlag, den Horaz seinem Freund zur Linderung seiner
Qualen erteilt, ist einfach nachzuvollziehen, aber schwierig
umzusetzen: Das vorausschauende Denken, aufgrund dessen der Mensch hofft und sich sorgt, zornig wird und sich
fürchtet, entspringt seinem rückschauenden Denken, das
erst die Erinnerung bereitstellt, um zu hoffen und sich zu
sorgen, um zornig zu werden und sich zu fürchten. Horaz
lehnt beide Denkrichtungen ab: Wenn man annimmt, dass
jede Stunde die letzte in einem Leben sein kann, hindert der

Gedanke an vergangene und zukünftige Stunden jede Erfüllung in der eben gegenwärtigen Stunde. Die Wahrnehmung des Augenblicks wird verhindert, wenn das Denken sich nicht auf das in diesem Augenblick Wahrgenommene richtet, sondern abschweift zu Gegenständen, die nicht mehr oder noch nicht seine Gegenstände sind. Die Erfordernisse und Möglichkeiten des Augenblicks werden dann übersehen, wenn der Mensch auf einst Gedachtes immer wieder zurückkommt, indem er sich der Vergangenheit erinnert oder Zukünftiges erwägt. Denn die auf die Zukunft gerichteten Gedanken, welche Hoffnung und Sorge, Furcht und Zorn erregen, speisen sich aus einer Vergangenheit, die nun in die Zukunft projiziert wird. Die Zukunft wird mit Vergangenheit aufgefüllt und eröffnet immer nur den Blick auf bereits Erfahrenes. Eine wirkliche Offenheit für Zukünftiges, das ja niemals antizipierbar ist, kann so erst gar nicht entstehen, weshalb auch keine Überraschungen mehr möglich sind. Alle Erfahrung des Neuen wird in die Kategorien des Vergangenen gezwängt, weshalb das Neue nicht als solches erfahren wird, sondern den eigenen Erwartungen entspricht oder nicht entspricht: Entspricht es den eigenen Erwartungen, so hebt es sich von diesen nicht mehr ab; entspricht es ihnen nicht, so wird dafür gesorgt, dass es ihnen entspricht, indem eine Umdeutung des Neuen im Sinne des Alten stattfindet. In keinem Fall wird das Neue als Neues erfahren.

Doch woher nimmt Horaz die Leichtigkeit des Herzens, die Tibull gerade abzugehen scheint? Warum sorgt sich Tibull nicht um den Augenblick, sondern darum, zu ergründen, was einem weisen und guten Menschen würdig sein mag?[21] Warum fehlt ihm die Fähigkeit des Lachens, die Horaz anders auf das Leben blicken lässt?[22] Horaz selbst sind

---

21 Ebd., 1,4,5: *[...] curantem quidquid dignum sapiente bonoque est?*

22 Ebd., 1,4,15 f.: *me pinguem et nitidum bene curata cute vises, / cum ridere voles, Epicuri de grege porcum.*

die Erfahrungen des Tibull ja nicht fremd, denn auch er wurde schon von der Göttin der Liebe getroffen und gefesselt (*Carmina* 1,33,13–16):

> *Ipsum me melior cum peteret Venus,*
> *grata detinuit compede Myrtale*
> *libertina, fretis acrior Hadriae*
> *   curvantis Calabros sinus.*

> Mich selbst, als eine gütigere Venus mich angegriffen hatte, hielt die Freigelassene Myrtale mit willkommener Fessel gefangen, eine heftigere Person als die Fluten der Adria, die die kalabrischen Buchten aufspannt.

Horaz verliert aber kein weiteres Wort darüber, wie er die Trennung von dieser Frau verwinden und sich überhaupt gegen Angriffe der Venus wappnen konnte. Die Tröstungen an Tibull, dessen Geliebte einen jüngeren Liebhaber vorzieht, gehen dieser Erinnerung an eigene Liebesqualen vielmehr voraus. Horaz operiert dabei mit mythologischen Beispielen und einer allgemeinen Sentenz, die Tibull den Unsinn seiner Verzweiflung – sie lehnt sich nämlich gegen den unveränderlichen Willen der Venus auf – vor Augen führen sollen (*Carmina* 1,33,1–12):

> *Albi, ne doleas plus nimio memor*
> *inmitis Glycerae, neu miserabilis*
> *decantes elegos, cur tibi iunior*
> *   laesa praeniteat fide.*

> *Insignem tenui fronte Lycorida*
> *Cyri torret amor, Cyrus in asperam*
> *declinat Pholoen; sed prius Apulis*
> *   iungentur capreae lupis,*

> *quam turpi Pholoe peccet adultero.*
> *Sic visum Veneri, cui placet inparis*
> *formas atque animos sub iuga aenea*
> *   saevo mittere cum ioco.*

> Albius, du mögest nicht länger zu sehr an die herbe
> Glycera denken, noch mögest du klagende Elegien
> vortragen, warum dich ein jüngerer, nachdem sie
> ihre Treue zu dir verletzt hat, überstrahlt.
> Die durch eine zarte Stirn auffallende Lycoris ent-
> flammt ihre Liebe zu Cyrus, Cyrus aber wendet
> sich von ihr ab und der rauen Pholoe zu; doch
> dürften sich eher wilde Ziegen mit apulischen Wöl-
> fen verbinden,
> als dass Pholoe sich mit dem schändlichen Ehebre-
> cher versündigen würde. So schien es der Venus
> richtig, der es gefällt, ungleiche Gestalten und Ge-
> müter mit grausamem Scherz unter eiserne Joche
> zu schicken.

Venus verbindet zwar Mann und Frau, die nach Horaz nicht
nur in unterschiedlicher Körpergestalt leben, sondern auch
in ihrem Denken und Empfinden differieren, in gegenseiti-
ger Liebe zueinander, doch treibt sie fortwährend ihr Spiel
mit dieser Liebe, indem sie diese Gegenseitigkeit nur selten
bestehen lässt. Gerade unter diesem Scherzen der Venus leidet der Dichter Tibull aber,[23] sodass der bloße Hinweis auf
das Faktum der einander oft verfehlenden Liebesbewegun-
gen seinen Schmerz nicht lindern dürfte. Und was nützt es
dem Elegiker, wenn Horaz dann noch anfügt, auch er selbst
sei dem Scherzen der Venus schon ausgesetzt gewesen?

Die entscheidende Einsicht des Horaz spricht aus einem
einzigen Attribut eines Verses der oben zitierten Ode: Die
Fesselung durch eine Frau war ihm *willkommen* und *er-
wünscht*, sodass er diese Fesselung auch als Fesselung erlebte. Er wird diese Fesselung nur so lange ertragen haben, wie
sie ihn als Fesselung fesselte. Die Möglichkeit der Freiheit
war in dieser Fesselung niemals aufgehoben, sodass vor diesem Hintergrund die Fesselung als Fesselung erlebt und so-

---

23 Vgl. Tibull 2,6,15–18.

gar genossen werden konnte. Horaz lebte jeden Augenblick des Gefesselt-Seins, ohne in vergangene oder zukünftige Möglichkeiten abzuschweifen, und erlebte so sicherlich auch den Augenblick, in dem er in seinem Inneren wahrnahm, dass er der Fesselung überdrüssig war. Der Elegiker Tibull lebt dagegen ausschließlich in einer Welt der Bindung und Gebundenheit, die es ihm nicht erlaubt, Möglichkeiten der Freiheit noch zu entdecken. Die eingegangenen Bindungen sind dann aber auch gar keine echten Bindungen, da sie niemals im Augenblick erlebt werden und deshalb auch nicht zu fesseln vermögen. Die Welt der Zweisamkeit, die der Elegiker Tibull entwirft, ist darum eine eingebildete Welt der gegenseitigen Verbundenheit, und seine Klage um die nicht erwiderte Leidenschaft zieht niemals in Betracht, dass der nicht erlebte Augenblick mit der Geliebten dafür verantwortlich ist, dass eine gegenseitige Fesselung nicht entsteht. Selbst die sprichwörtliche Empfindsamkeit der elegischen Dichtung, wie sie Tibull vorstellt, erscheint vor dem Hintergrund des nicht gelebten Augenblicks als eingebildete Gefühligkeit, die dann folgerichtig beklagen muss, dass die ihr entspringende Dichtung es nicht vermag, die Geliebte zu eigener Liebe zu bewegen.[24]

Der elegische Charakter, wie ihn Tibulls Dichtungen dem Leser vor Augen stellen, leidet also unter einem grundsätzlichen Wahrnehmungsdefizit, das sich darin äußert, jeden Augenblick bereits im Sinne eines vergangenen oder zukünftigen Augenblicks zu werten und ihm damit bereits bei seiner Entstehung den Eigenwert zu nehmen. Die Wahrnehmung des Augenblicks wird sofort beurteilt und damit verurteilt, sodass auch der Rekurs auf vorangegangene Wahrnehmungen nur auf bereits Verurteiltes zurückgreifen kann. Horaz hat diese Eigenheit des elegischen Blicks auf die Wirklichkeit klar erkannt, aber nur sehr beiläufig benannt, um den Freund nicht zu verletzen. Die horazische Haltung zum Leben ent-

---

24 Vgl. ebd., 2,4,13–20.

springt wiederum den Gedanken Epikurs, zu dessen Anhängern Horaz sich zählt,[25] und folgt dessen Einsicht in das verlässliche Wesen des gegenwärtigen Augenblicks bzw. seiner Wahrnehmungen und Affektionen:

> Daher muss man sich an die gegenwärtigen Affektionen und Wahrnehmungen halten, und zwar bezüglich allgemeiner Inhalte an die allgemeinen, bezüglich eigentümlicher Inhalte an die eigentümlichen – also gemäß einem jeden einzelnen Unterscheidungsvermögen ganz an seine gegenwärtige Deutlichkeit. Denn wenn wir uns an diese halten, werden wir geradewegs ergründen, woher unsere Beunruhigung und Angst rühren, und wir werden sie abstreifen [...].[26]

Die Deutlichkeit der Wahrnehmung ist nur in ihr selbst gegeben und entsteht daher in jedem Augenblick neu. Während der vergangene oder zukünftige Augenblick immer nur *gedeutet* wird, aber nicht mehr oder noch nicht *deutlich* ist, gewährt der gegenwärtige Augenblick, wenn er als solcher genommen wird, eine ruhige und angstfreie Erfahrung seiner Inhalte, die nur für diesen Augenblick Geltung beanspruchen können. Diese immer neu entstehende Ruhe der niemals ruhenden Abfolge von Wahrnehmungsinhalten wird immer dann zerstört, wenn sich der Mensch der Bewegung dieser Abfolge nicht anvertraut, sondern von einer einmal gewonnenen und lieb gewonnenen Ruhe nicht mehr lassen will. Die Erinnerung an diese Ruhe weckt den Wunsch nach ihrer Dauerhaftigkeit, obwohl damit die Erfahrung neuer Ruhepunkte unmöglich geworden ist. Auf der Jagd nach ewiger Ruhe wird die Möglichkeit sich ewig neu einstellender und immer vorübergehender Ruhe unterschlagen, sodass von ewiger Unruhe geplagt wird, wer ewige Ruhe sucht.

25 Vgl. Horaz, *Epistulae* 1,4,15 f.
26 Vgl. Epikur, *Epistula ad Herodotum* 82.

Die gedichtete Welt des Tibull befindet sich aber gerade in diesem Zustand: Eine ewig suchende und in dieser Suche verzweifelnde Seele scheint in ihrer Ruhelosigkeit keinerlei Bewegung zu vollführen. Die gedichtete Gestalt des Tibull entwickelt sich in ihrer Dichtung nicht, da sie niemals die Ruhe des Augenblicks findet, in der allein sie sich fortbewegen könnte. Das Dichtwerk des Tibull vermittelt darum das Bild eines Stilllebens, das freilich keine ruhenden Alltagsgegenstände, sondern seelische Bewegungen zur Darstellung bringt. Diese Bewegungen sind jedoch in ihrer Ruhelosigkeit nahezu erstarrt und wirken darum – etwa im Gegensatz zur Lebendigkeit der properzischen Dichtung – seltsam unwirklich.

Dürfte Tibull nun jenen geheimen Hinweis seines Freundes Horaz, den Augenblick immer neu willkommen zu heißen, verstanden haben? Horaz jedenfalls hatte begriffen, dass auch das Lachen immer auf die Fähigkeit des Weinens verwiesen ist, sodass allein die echte Trauer in einem erlebten Augenblick das Lachen in einem anderen Augenblick erlaubt. Die Traurigkeit des Elegikers Tibull erscheint dagegen auch als eingebildete, da er immer um Nicht-Erlebtes trauert, wohingegen die Traurigkeit des Satirikers Horaz, wenn sie denn geäußert wird, einer gelebten Empfindung entspringt. Horaz hätte seine Ode an Tibull mit Klagen um den Verlust der Liebe der Myrtale ausweiten können, doch er bricht stattdessen genau dort ab, wo auch der Augenblick der noch empfundenen Trauer vergangen ist. Die auf wohltuende Weise im Jetzt verankerte Ode an Tibull spiegelt somit auch in ihrer Form die Lebenshaltung ihres Urhebers wider.

Der hier vorliegende Band stellt allein die Gedichte des ersten und zweiten Buches des *Corpus Tibullianum* vor, da es als gesichert gelten dürfte, dass ein Teil dieses *Corpus* entgegen dem Zeugnis der Handschriften nicht von Tibull stammen kann. Die Hypothese, die gesamte Sammlung sei sozusagen »das Hauspoetenbuch des M. Valerius Messalla Corvinus, und zwar seien ihre nicht von Tibull verfaßten oder von ihm nicht publizierten Teile nach dem Tode des Mannes im Jahre 8 n. Chr. aus seinem Nachlaß hervorgezogen und an die beiden bereits bekannten Bücher des bedeutendsten Mitgliedes seines Dichterkreises angefügt worden«, lässt sich nur aufrechterhalten, »falls alle oder fast alle Teile des *Corpus Tibullianum* zu Messallas Lebzeiten entstanden sind«.[27] Für das dritte Buch darf dies aber als ausgeschlossen gelten, da sich zeigen lässt, dass »die meisten Gedichte des dritten Buches des *Corpus Tibullianum* einige oder erst lange Zeit nach Messallas Tod geschrieben [wurden]«.[28]

---

27 *Appendix Tibulliana*, hrsg. und komm. von H. Tränkle, Berlin / New York 1990, S. 1.
28 Ebd., S. 2.

Inhalt